Hanes 50 o Gymry ysbrydoledig

CYMRY O FRI!

Hanes 50 o Gymry ysbrydoledig

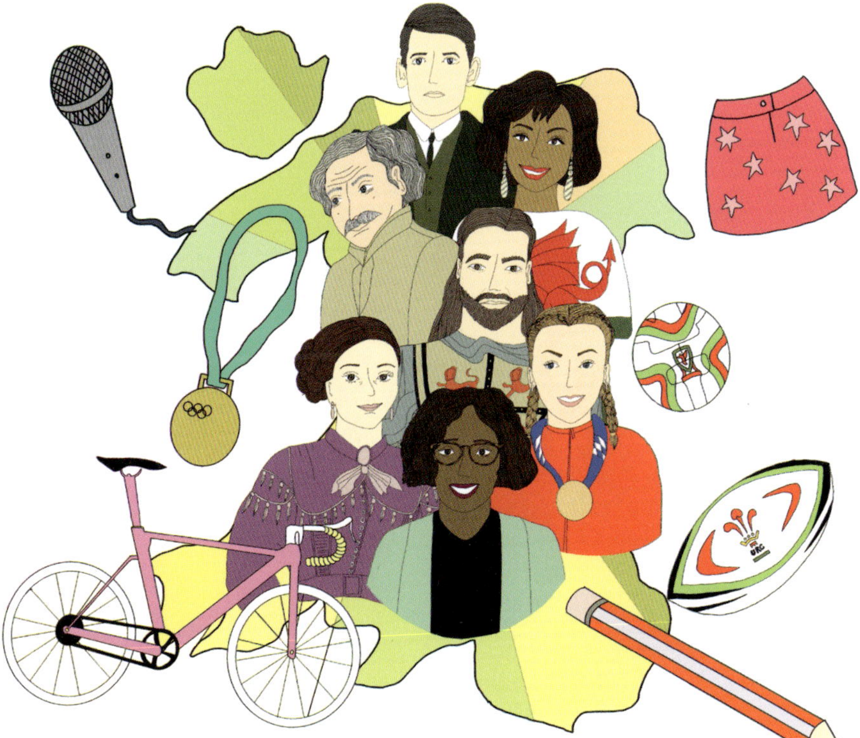

Jon Gower

Lluniau gan Efa Lois

*Diolch i Efa Lois am rannu ei thalent,
i Meinir am ei thwtio a'i chywiro arferol
ac i Richard am y gwaith dylunio.*

Argraffiad cyntaf: 2022

© Hawlfraint Jon Gower a'r Lolfa Cyf., 2022

Mae hawlfraint ar gynnwys y llyfr hwn ac mae'n anghyfreithlon llungopïo neu atgynhyrchu unrhyw ran ohono trwy unrhyw ddull ac at unrhyw bwrpas (ar wahân i adolygu) heb gytundeb ysgrifenedig y cyhoeddwyr ymlaen llaw

Rhif Llyfr Rhyngwladol: 978 1 80099 134 7

Dymuna'r cyhoeddwyr gydnabod cymorth ariannol
Cyngor Llyfrau Cymru

Cyhoeddwyd ac argraffwyd yng Nghymru
ar bapur o goedwigoedd cynaliadwy gan
Y Lolfa Cyf., Talybont, Ceredigion SY24 5HE
e-bost ylolfa@ylolfa.com
gwefan www.ylolfa.com
ffôn 01970 832 304
ffacs 01970 832 782

CYNNWYS

			Tudalen
1	Alfred Russel Wallace		8
2	Aneurin Bevan		10
3	Ann Pettitt		12
4	Anthony Hopkins		14
5	Arglwyddes Llanofer		16
6	Barti Ddu		18
7	Betsi Cadwaladr		20
8	Betty Campbell		22
9	Catherine Zeta-Jones		24
10	Charlotte Guest		26
11	Colin Jackson		28
12	Cranogwen		30
13	Daniel Owen		32
14	David Hughes		34
15	David Lloyd George		36
16	Dilys Price		38
17	Dylan Thomas		40
18	Y Dywysoges Gwenllian		42
19	Elizabeth Andrews		44
20	Eric Jones		46
21	Esmé Kirby		48
22	Gareth Edwards		50
23	Geraint Thomas		52
24	Hedd Wyn		54
25	Hywel Dda		56

26	Irene Steer	58
27	Ivor Novello	60
28	Jade Jones	62
29	Jan Morris	64
30	John Charles	66
31	Kate Bosse-Griffiths	68
32	Kate Roberts	70
33	Kyffin Williams	72
34	Laura Ashley	74
35	Lauren Price	76
36	Lowri Morgan	78
37	Lynn Davies	80
38	Mair Russell-Jones	82
39	Mary Dillwyn	84
40	Michael D. Jones	86
41	Michael Sheen	88
42	Nicole Cooke	90
43	Nigel Owens	92
44	Owain Glyndŵr	94
45	Paolo Radmilovic	96
46	Richard Burton	98
47	Shirley Bassey	100
48	Tanni Grey-Thompson	102
49	William Grove	104
50	Winifred Coombe Tennant	106

ALFRED RUSSEL WALLACE

(1823–1913)
Gwyddonydd

Os ydych chi'n gweld dau robin goch yn yr ardd, maen nhw'n edrych yn debyg iawn i'w gilydd ond bydd gwahaniaethau bach rhwng y ddau. Mae hyn yn wir am sawl math o anifail, neu rywogaeth. Mae byd natur yn llawn anifeiliaid sy'n cystadlu â'i gilydd, a thros amser maen nhw wedi newid neu addasu er mwyn iddyn nhw fedru parhau. Efallai fod ambell un yn fwy clyfar, neu'n fwy deniadol na rhai eraill ac felly'n fwy llwyddiannus. Byddan nhw'n trosglwyddo'r cryfder yma i'r anifeiliaid bach.

Un o'r bobl wnaeth sylweddoli hyn am y tro cyntaf oedd y naturiaethwr Alfred Russel Wallace a gafodd ei eni ym Mrynbuga (Usk) yn 1823.

Anfonodd ei syniadau mewn llythyr at y gwyddonydd enwog, Charles Darwin, ond heb yn wybod iddo roedd Darwin wedi bod yn meddwl yr un peth. Felly, Darwin gafodd y clod, er bod y Cymro wedi meddwl am y syniad ar yr un pryd. Ond doedd Wallace ddim yn dal dig ac roedd Darwin yn arwr iddo drwy gydol ei oes.

Teithiodd y naturiaethwr mentrus yn bell iawn i astudio anifeiliaid. Aeth i goedwigoedd yr Amason yn 1848 am bedair blynedd, ond yn anffodus, wrth ddod yn ôl o Frasil aeth y cwch roedd yn teithio arno ar dân a chollodd bron popeth.

Treuliodd wyth mlynedd yn teithio yn Malaya, Borneo ac Indonesia yn Asia. Un o'r pethau wnaeth e ei ddarganfod yno oedd bod ffin sy'n gwahanu rhywogaethau adar, pysgod a mamaliaid, lle mae'r rhai yn Asia ychydig yn wahanol i'r rhai sy'n byw yn Awstralia. Enwyd hyn yn 'Llinell Wallace'.

Dysgodd Wallace yr iaith Gymraeg ac roedd am weld pobl yn dysgu Gwyddoniaeth yn Gymraeg, fel sy'n digwydd mewn nifer o ysgolion yng Nghymru erbyn hyn.

Cwestiynau

1 Ysgrifennodd Alfred Russel Wallace nifer o lyfrau. Sawl un? 2, dros 20 neu dros 200?

2 Mae'r syniad o esblygu (*evolution*) yn awgrymu bod dyn wedi datblygu o ba un o'r rhain – cleren, epa neu arth?

3 Ym Malaya casglodd Wallace nifer fawr o chwilod (*beetles*). Sawl un? 800, 8,000 neu 80,000?

ATEBION YN Y CEFN!!

ANEURIN BEVAN

(1897–1960)
Gwleidydd

Mae pawb sydd erioed wedi gorfod mynd i ysbyty neu i weld y doctor yn medru diolch i Aneurin Bevan, oherwydd dyna pwy sefydlodd y Gwasanaeth Iechyd.

Cafodd Aneurin, neu Nye Bevan, ei eni yn Nhredegar yn 1897. Roedd ei dad yn löwr – roedd 90% o'r gweithwyr yn yr ardal yn gweithio dan ddaear – a'i fam yn gwneud dillad. Gadawodd Aneurin yr ysgol pan oedd yn 13 mlwydd oed gan fynd i weithio mewn pwll glo lleol, Tŷ Trist. Byddai'n gorfod dechrau'r gwaith am hanner awr wedi pump y bore a gorffen yn hwyr yn y nos.

Dechreuodd Nye ymddiddori mewn gwleidyddiaeth ac er bod ganddo atal dweud, dysgodd sut i siarad yn gyhoeddus yn effeithiol iawn drwy ymarfer cyflwyno'i areithiau drosodd a throsodd.

Roedd system yn Nhredegar i'r gweithwyr dalu ychydig o arian bob wythnos i gronfa er mwyn cael gofal iechyd am ddim petai angen. Dyna oedd wedi rhoi'r syniad i Aneurin Bevan i greu'r Gwasanaeth Iechyd Cenedlaethol, yr NHS (National Health Service), a gafodd ei sefydlu yn 1948 i roi gofal iechyd i bawb am ddim. Roedd Nye wedi gweld effaith afiechyd a thlodi ar ei deulu ei hunan, felly doedd e ddim eisiau i bobl eraill ddioddef yn yr un ffordd. Ceisiodd wneud yr un math o beth ar gyfer tai, ond ni chafodd gymaint o lwyddiant.

Yn 2004 trefnwyd pleidlais i weld pwy oedd 100 Arwr Cymru. A phwy oedd rhif un ar y rhestr? Aneurin Bevan, wrth gwrs!

Cwestiynau

Yn 1928 cafodd Aneurin Bevan ei ethol yn Aelod Seneddol dros y Blaid Lafur yng Nglynebwy, ac yn 1934 priododd Aelod Seneddol arall, Jennie Lee.

1. Pwy yw Aelod Seneddol eich ardal chi?
2. Ble mae Aelodau Seneddol yn gweithio? (Cofiwch fod mwy nag un Senedd.)
3. Beth yw gwaith Aelod Seneddol?
    1. Siarad.
    2. Newid pethau.
    3. Cynrychioli'r bobl.

Ann Pettitt

(1947)
Ymgyrchydd heddwch

Doedd Ann Pettitt ddim yn disgwyl gwneud rhywbeth fyddai'n newid hanes. Roedd hi'n fam i blant bach, yn byw mewn tyddyn yn Sir Gaerfyrddin pan benderfynodd hi a chriw bach o ffrindiau wneud rhywbeth er mwyn protestio yn erbyn arfau niwclear. Ar y pryd roedd taflegrau (*missiles*) yn rhan bwysig o'r Rhyfel Oer rhwng rhai o wledydd y Gorllewin a Rwsia, ac roedd nifer ohonyn nhw yn cael eu storio mewn gwersyll Americanaidd yn Berkshire, Lloegr. Arweiniodd Ann griw o 36 o fenywod ar daith 120 milltir ym mis Medi 1981. Cymerodd 10 niwrnod i gerdded yno o Gymru, gan ddod â thipyn o sylw i'r ymgyrch ar y ffordd.

Ar ôl cyrraedd Comin Greenham sefydlwyd gwersyll heddwch. Gwnaeth 36 o fenywod glymu eu hunain i'r ffens. Flwyddyn yn ddiweddarach bu 30,000 o fenywod yn dal dwylo mewn un gadwyn o gwmpas y gwersyll. Ond yn 1983 llwyddodd 70,000 o fenywod i ddal dwylo eto i greu cadwyn 14 milltir (23km) oedd yn amgylchynu tri safle milwrol yn yr ardal. Bydden nhw'n torri darn o'r ffens bob nos ac roedd nifer o fenywod wedi cael eu harestio am achosi difrod.

Bu farw menyw ifanc o Gymru, Helen Thomas o Gastellnewydd Emlyn, yn Greenham. Mae cofeb iddi yn yr Ardd Heddwch Genedlaethol yng Nghaerdydd.

Penderfynwyd yn gynnar iawn taw menywod yn unig fyddai'n byw yn y gwersylloedd er mwyn tanlinellu eu bod yn protestio fel mamau ac er mwyn plant y dyfodol. Un symbol oedd yn cael ei ddefnyddio'n gyson i gynrychioli'r menywod oedd gwe pry cop, oherwydd ei fod yn fregus ac yn ystyfnig ar yr un pryd.

Nid rhywbeth dros dro oedd y brotest. Roedd menywod o bob rhan o Brydain a thu hwnt yn byw mewn naw gwersyll am bron i ugain mlynedd. Roedd pob gwersyll wedi ei enwi ar ôl lliw penodol, er mwyn cyferbynnu â lliwiau llwyd y gwersyll milwrol.

Yn 2000 tynnwyd y ffensys o gwmpas y safle milwrol i lawr. O'r diwedd!

ANTHONY HOPKINS

(1937)
Actor, cynhyrchydd a chyfarwyddwr

Ganwyd Anthony Hopkins ym Margam, Port Talbot lle roedd ei dad yn bobydd bara. Doedd e ddim yn ddisgybl da yn yr ysgol – roedd mwy o ddiddordeb ganddo mewn darlunio a chwarae'r piano. Pan oedd yn 15 oed fe wnaeth e gyfarfod â'r actor enwog Richard Burton, oedd yn ysbrydoliaeth iddo.

Graddiodd o Goleg Brenhinol Cerdd a Drama Cymru yng Nghaerdydd yn 1955 ac mae un o brif adeiladau'r coleg wedi ei enwi ar ei ôl.

Yn 1960 dechreuodd astudio actio yn yr Academi Frenhinol yn Llundain. Ymddangosodd ar y llwyfan yn broffesiynol am y tro cyntaf yn Theatr y Palas, Abertawe. Bum mlynedd yn ddiweddarach cafodd ei ddarganfod gan Syr Laurence Olivier, a wnaeth ei wahodd i ymuno â'r Theatr Genedlaethol yn Llundain.

Cafodd ei gyfle cyntaf i fod mewn ffilm yn *The Lion in Winter* yn 1968. Un o'i ffilmiau mwyaf enwog yw'r stori arswyd *The Silence of the Lambs*, a wnaeth ennill Oscar iddo. Roedd wedi bod yn codi dychryn ar bobl ers ei fod yn grwtyn, pan fyddai'n mynd o gwmpas Port Talbot yn smalio bod yn Dracula. Roedd yn gwneud synau slyrpio erchyll, yn union fel mae'n ei wneud yn *The Silence of the Lambs*.

Ymhlith ei ffilmiau eraill mae tair ffilm Thor sy'n seiliedig ar gomics Marvel, *Transformers: The Last Knight*, *The Elephant Man*, *Shadowlands*, a hefyd lleisiodd *How the Grinch Stole Christmas*.

Yn 1998 rhoddodd filiwn o bunnoedd i helpu i brynu'r Wyddfa, gan godi cyfanswm o dair miliwn tuag at hynny. Mae hefyd yn cyfansoddi cerddoriaeth ac mae ei waith wedi cael ei berfformio gan gerddorfeydd proffesiynol ym Mhrydain ac yn America.

Yn 1998 fe enillodd fwy o arian nag unrhyw berfformiwr arall, gan gynnwys $15 miliwn am chwarae'r cymeriad Hannibal Lecter am yr ail dro. Mae e wedi ennill 2 Oscar ac 8 gwobr Golden Globe am ei waith mewn ffilm a 5 gwobr Emmy am ei waith ar y teledu.

Bellach mae'n byw ym Malibu, California.

ARGLWYDDES LLANOFER

(1802–1896)
Cymraes i'r carn

Ar Ddydd Gŵyl Dewi bydd rhai merched ar draws Cymru yn gwisgo het uchel ddu a siôl goch, sef ein gwisg genedlaethol draddodiadol. Arglwyddes Llanofer (Augusta Hall) oedd yn gyfrifol am ddylunio'r wisg, gan ysgrifennu traethawd am bwysigrwydd cadw'r gwisgoedd traddodiadol rhag diflannu. Casglodd nifer o enghreifftiau gwahanol ynghyd, a chreu casgliad o luniau, sef *National Costumes of Wales*, sydd i'w weld yn Llyfrgell Genedlaethol Cymru ac ar wefan y Llyfrgell.

Roedd hi'n byw mewn tŷ mawr y tu allan i bentref Llanofer yng Ngwent ac roedd ei diddordeb mewn pethau Cymreig a'r iaith Gymraeg yn amlwg, gan ei bod dim ond yn cyflogi siaradwyr Cymraeg ar yr ystad a bod gwasanaethau Cymraeg yn yr eglwys. Gwnaeth yn siŵr fod y Gymraeg yn cael ei dysgu yn nwy ysgol y pentref hefyd. Un o'i diddordebau eraill oedd y delyn ac roedd hi'n cyflogi telynor, John Wood Jones, a Susannah, merch i un o'i ddisgyblion yn ddiweddarach, i ddiddanu gyda'r hwyr yn ogystal â dysgu nifer o ddisgyblion. Trefnodd gyfres o eisteddfodau poblogaidd lle byddai cystadlaethau canu'r delyn a chynllunio tecstiliau gan ddefnyddio brethyn Cymreig.

FFEITHIAU ERAILL

Ei henw barddol oedd Gwenynen Gwent.

Yn 1850 helpodd i sefydlu'r cylchgrawn Cymraeg cyntaf i ferched, *Y Gymraes*, ac yn 1867 cyhoeddodd lyfr coginio oedd yn cynnwys ryseitiau roedd hi wedi eu casglu gan deithwyr oedd yn ymweld â Llanofer a hefyd gan feudwy oedd yn byw yn y pentref.

Roedd merch Arglwyddes Llanofer hefyd yn ymddiddori mewn celfyddyd Gymraeg a Chymreig, a'i henw barddol hi oedd... Gwenynen Gwent yr Ail!

Y delyn deires oedd ei hoff offeryn.

Dyma gerdd amdani gan Kayley Sydenham o Gasnewydd. Diolch i Kayley am rannu'r gerdd.

Uchelwraig unigryw,
Arglwyddes yr iaith,
Arglwyddes Llanofer,
Â thân yn ei gwaith.

Gwarchod diwylliant
Ar gyfer ein heddiw ni,
Dyfeisydd y wisg,
Clogyn coch a'r het ddu.

Yn ffwrnais ei chwch
Yn y bwrlwm a'r berw,
Gwenynen Gwent
Fu'n cynnal a chadw.

Ninnau yn awr,
Cawn fod yn wenyn...

BARTI DDU

(1682–1722)
Môr-leidr

Roedd gan y môr-leidr llwyddiannus hwn ei faneri ei hun. Ar ambell un gwisgai'n ffansi mewn gwasgod goch gyda phluen fawr goch yn ei het, ac ar ei wddf hongiai croes ddiemwnt ar gadwyn aur. A lliw'r faner? Wel, du wrth gwrs. Mae un faner yn dangos Barti yn sefyll ar ddau benglog, a thros y blynyddoedd trodd y benglog yn symbol o fôr-ladron.

Barti Ddu (Bartholomew Roberts oedd ei enw iawn) oedd un o'r olaf o'r môr-ladron mawr, gan ymosod ar nifer o longau, yn enwedig yn y Caribî, a dwyn eu nwyddau.

Crwtyn 13 mlwydd oed oedd Barti pan aeth i'r môr am y tro cyntaf a chyn hir roedd ganddo sgiliau da fel llongwr. Pan oedd yn teithio ar long yn cludo caethweision yn 1719 roedd môr-leidr arall o Gymru, Hywel Davies, wedi ymosod arni a bu'n rhaid i Barti a gweddill y criw ymuno â chriw Hywel.

Rai wythnosau wedyn cafodd Hywel ei saethu'n farw ac roedd angen capten newydd. Dewiswyd Barti Ddu gan ddechrau gyrfa lwyddiannus ar long y *Royal Fortune* – enw da! Roedd yn gapten llym iawn ac yn ddyn clyfar a chyfrwys. Un tro aeth i ganol llynges o dros 40 o longau. Cipiodd un morwr a'i berswadio i ddweud pa long oedd yn cario'r nwyddau mwyaf gwerthfawr er mwyn arbed amser yn chwilio.

Byddai clywed ei enw yn unig yn codi ofn ar bobl. Mae un stori amdano yn glanio yn Newfoundland, Canada, ac roedd y newyddion yn ddigon i berswadio 22 o longau i hwylio i ffwrdd mewn dychryn.

Erbyn 1722 roedd Barti wedi dwyn 470 o longau a'u cargo. Roedd Llywodraeth Prydain wedi anfon llong ryfel, yr *HMS Swallow*, i'w ddal, ac mewn brwydr fawr ger arfordir Affrica cafodd Barti Ddu ei ladd a thaflwyd ei gorff i'r môr.

Ganwyd Bartholomew yng Nghasnewydd Bach, Sir Benfro, ond ei enw gwreiddiol oedd John Roberts. Newidiodd ei enw, fel sawl môr-leidr arall, oherwydd ei fod yn torri'r gyfraith mor aml.

Allwch chi greu enwau môr-ladron a fyddai'n medru dychryn llongau? Beth am greu baneri hefyd i'w hongian ar fastiau llongau?

> *Barti Ddu o Gasnewy' Bach,*
> *Y morwr tal â'r chwerthiniad iach,*
> *Efô fydd y llyw*
> *Ar y llong a'r criw,*
> *Barti Ddu o Gasnewy' Bach.*
>   (I. D. Hooson)

BETSI CADWALADR

(1789–1860)
Nyrs

Mae pob nyrs yn arwres ond dim ond nifer fach ohonyn nhw sy'n enwog. Un o'r rheini yw Betsi Cadwaladr ac un rheswm am hyn yw bod Bwrdd Iechyd yng ngogledd Cymru wedi ei enwi ar ei hôl. Felly, mae'r enw Betsi Cadwaladr i'w weld y tu allan i ysbytai, ar arwyddion ar y ffordd i gael pelydr X neu ymweld â chlaf ar ward.

Pwy oedd Betsi felly? Wel, morwyn ar longau oedd hi i ddechrau, gan deithio'n bell o'i chartref yn y Bala. Yn ystod Rhyfel y Crimea, lle bu brwydro ffyrnig ym mhenrhyn Crimea ar lannau'r Môr Du, bu'n gweithio gyda'r nyrs fwyaf enwog ohonyn nhw i gyd, sef Florence Nightingale, neu 'The Lady with the Lamp'. Roedd wedi cael yr enw am ei bod yn gofalu am filwyr drwy'r nos, gyda lamp yn ei llaw.

Dysgodd Betsi i fod yn nyrs yn Ysbyty Guy's yn Llundain. Clywodd am y ffordd roedd milwyr yn dioddef yn y Crimea a phenderfynodd fynd i helpu. Ceisiodd ei chwaer ei pherswadio i beidio mynd ond heb lwyddiant, oherwydd menyw benderfynol oedd Betsi. Roedd hi'n 64 mlwydd oed erbyn hyn, felly pan fyddai nifer o bobl wedi ymddeol, aeth Betsi ar siwrne fawr arall. Bu'n gweithio oriau hir iawn, ugain awr y dydd, yn gofalu am gleifion ac yn glanhau, oedd yn bwysig iawn er mwyn osgoi afiechydon. Ar ddiwedd shifft byddai'n gorfod cysgu ar y llawr, yng nghwmni nyrsys eraill oedd wedi blino'n llwyr.

Yn anffodus aeth Betsi yn sâl a bu'n rhaid iddi ddod 'nôl i Lundain yn 1855, flwyddyn cyn i Ryfel y Crimea ddod i ben. Bu farw yn 1860 a chafodd ei chladdu ym mynwent y tlodion yn Abney Park, Llundain, yn bell iawn o'i chartref ym mynyddoedd Cymru.

Bwrdd Iechyd Betsi Cadwaladr yw'r un mwyaf yng Nghymru. Mae'n gofalu am 700,000 o bobl o Ynys Môn, Gwynedd, Conwy, Sir Ddinbych, Sir y Fflint a Wrecsam.

Cwestiynau

1 Allwch chi enwi rhai o'r gwledydd o gwmpas y Môr Du?

2 Beth yw'r Bwrdd Iechyd yn eich ardal chi? Ble mae'r ysbyty agosaf?

BETTY CAMPBELL

(1934–2017)

Athrawes

Betty Campbell oedd y brifathrawes groenddu gyntaf yng Nghymru.

Cafodd ei geni yn Nhre-biwt, Bae Caerdydd. Roedd ei thad yn dod o Jamaica ond bu farw yn ystod yr Ail Ryfel Byd ac roedd ei mam yn ei chael hi'n anodd cael dau ben llinyn ynghyd, ac roedd y teulu bach yn dlawd.

Roedd Betty â'i bryd ar fod yn athrawes ers ei bod yn blentyn. Fe wnaeth hi'n dda yn yr ysgol, a chael y marciau gorau yn y dosbarth yn aml iawn. Ond cafodd siom pan ddywedodd ei hathrawes wrthi na allai merch groenddu, dlawd fynd yn bell yn y byd academaidd. Serch hynny, roedd am brofi bod hyn yn anghywir a daeth yn athrawes, ac yna'n brifathrawes yn Ysgol Mount Stuart yn ardal Bae Caerdydd.

Roedd hi wedi gweld bod prinder o bobl dduon ym myd addysg ac roedd yn benderfynol o wneud gwahaniaeth. Fe'i hysbrydolwyd hi gan ymgyrchwyr fel Harriet Tubman yn yr Unol Daleithiau oedd yn brwydro i ryddhau caethweision, a gan y menywod oedd yn ceisio cael tegwch i'r holl bobl dduon. Gan ddilyn eu hesiampl dechreuodd Betty ddysgu'r disgyblion yn Ysgol Mount Stuart am gaethwasiaeth, hanes pobl dduon a'r system apartheid oedd yn digwydd ar y pryd yn Ne Affrica, oedd yn trin pobl dduon yn israddol, ac yn anghyfartal. Bu'n dysgu yn yr ysgol am 28 mlynedd.

Pan ddaeth arweinydd De Affrica, Nelson Mandela, i Gymru cafodd Betty gyfle i gwrdd â'i harwr – dyn oedd, fel hithau, wedi ysbrydoli pobl eraill.

Mae cerflun o Betty Campbell gan Eve Shepherd wedi ei osod yn Sgwâr Canolog Caerdydd, gan mai amdani hi wnaeth y nifer fwyaf o bobl bleidleisio mewn arolwg diweddar.

Cwestiynau i chi feddwl amdanyn nhw

1. Beth yw'r pethau gorau am eich prifathro chi?

2. Petai cerflun yn cael ei wneud o'ch prifathro, beth fyddai'r peth mwyaf amlwg amdano?

3. Beth sy'n gwneud athro neu brifathro da?

CATHERINE ZETA-JONES

(1969)
Actores

Ganwyd Catherine yn y Mwmbwls ger Abertawe. Roedd ei thad yn berchen ffatri losin a'i mam yn gwneud dillad. Enw ei mam-gu oedd Zeta, enw a gafodd ar ôl llong roedd ei thad wedi hwylio arni. Doedd gan y teulu ddim llawer o arian ond enillon nhw £100,000 mewn gêm bingo, ac fe wnaethon nhw ddefnyddio'r arian i gefnogi talentau Catherine pan oedd hi'n ifanc.

Dechreuodd ddawnsio yn 4 blwydd oed yn Ysgol Ddawns Hazel Johnson. Roedd hi am fod yn actores ers pan oedd hi'n blentyn bach a chafodd berfformio ar lwyfan y West End yn Llundain pan oedd hi'n naw mlwydd oed yn y sioe *Annie* a rhai blynyddoedd wedyn yn *Bugsy Malone*.

Pan oedd Catherine yn ei harddegau enillodd gystadleuaeth dawnsio tap dros Brydain gyfan. Gadawodd yr ysgol yn 15 mlwydd oed, heb sefyll unrhyw arholiadau. Astudiodd Theatr Gerdd yn Llundain cyn serennu yn y sioe *42nd Street*. Un o'i llwyddiannau cynnar ar y teledu oedd *The Darling Buds of May*.

Symudodd i Los Angeles yn yr Unol Daleithiau ac ymddangos mewn ffilmiau megis *The Mask of Zorro*, lle roedd yn chwarae'r cymeriad Elena yng nghwmni ei chyd-actor o Gymru Anthony Hopkins, gan chwarae'r un rôl eto yn *The Legend of Zorro*. Ymhlith ei llwyddiannau eraill mae *The Phantom*, y ffilm o'r sioe gerdd *Chicago* ac *Ocean's Twelve*. Bu hefyd yn ymddangos ar lwyfan, gan gynnwys ennill gwobr Tony am ei pherfformiad yn *A Little Night Music*.

Priododd yr actor enwog Michael Douglas. Prynwyd ei modrwy briodas yn Aberystwyth ac roedd côr Cymreig a'i ffrind Bonnie Tyler, sydd hefyd yn dod o'r Mwmbwls, yn canu yn y seremoni. Mae Catherine a Michael yn rhannu'r un pen-blwydd, sef 25 Medi, ac mae ganddyn nhw ddau o blant, Dylan a Carys.

Dewiswyd Catherine yn un o'r bobl brydferthaf yn y byd gan y cylchgrawn *People* yn 1998.

Cwestiynau

1. Zeta yw'r 6ed lythyren ym mha iaith?

2. Allwch chi ddod o hyd i unrhyw Catherine enwog arall? Cliw: roedd un yn byw yn Rwsia...

CHARLOTTE GUEST

(1812-1895)
Cyfieithydd a rheolwr gwaith haearn

Ei henw bedydd oedd Lady Charlotte Elizabeth Bertie, a'i thad oedd yr Iarll Albemarle Bertie, ond bu farw pan oedd hi'n 6 blwydd oed. Merch unig oedd Charlotte ond yn ifanc iawn dechreuodd ymddiddori mewn llenyddiaeth, a dysgodd sawl iaith gan gynnwys Arabeg a Hebraeg.

Cwrddodd â dyn busnes cyfoethog, Syr Josiah John Guest, pan oedd hi'n 21 oed a phriododd y ddau yn fuan wedi hynny. Aethon nhw i fyw ger ei waith haearn enfawr yn Nowlais ger Merthyr, ac roedd e hefyd yn cynrychioli'r dref fel Aelod Seneddol.

Cafodd briodas hapus a magu 10 o blant ac roedd ganddi ddiddordeb mewn gwella amgylchiadau'r miloedd o weithwyr yn y gweithfeydd haearn a'r pyllau glo, gan geisio sicrhau dŵr glân i bawb, a hefyd ysgolion, llyfrgelloedd a llefydd hamdden.

Roedd Charlotte yn ymddiddori yn yr iaith Gymraeg ac yn niwylliant Cymru, gan ddysgu siarad Cymraeg. Rhwng 1838 ac 1846 cyfieithodd hi'r 11 chwedl rydyn ni'n eu hadnabod fel y Mabinogion. Ychwanegodd stori arall atyn nhw, sef chwedl Taliesin, ac yn 1846 cyhoeddwyd nhw mewn tair cyfrol hardd. Yn 1877 cyhoeddwyd fersiwn rhatach o'r llyfrau.

Ar ôl i'w gŵr farw yn 1852 aeth ati i redeg ei fusnesau, mewn cyfnod pan oedd newidiadau mawr yn y diwydiant haearn, gyda'r pris yn codi ac yn disgyn oherwydd rhyfeloedd fel Rhyfel y Crimea. Doedd menywod ddim fel arfer yn rhedeg busnesau o'r fath yn y cyfnod, felly roedd Charlotte yn torri tir newydd. Ar un adeg roedd dros 7,000 o bobl yn gweithio yng ngwaith Dowlais. Gwerthwyd haearn ar gyfer creu rheilffyrdd ar draws y byd, gan gynnwys America, India a Rwsia.

Wedi iddi roi'r gorau i redeg y gweithfeydd bu'n ymgyrchu dros well amodau i ffoaduriaid o Dwrci. Bu hefyd yn casglu potiau serameg, a'r rhain oedd sail y casgliad pwysig yn Amgueddfa Victoria ac Albert yn Llundain.

COLIN JACKSON

(1967)
Athletwr

Dyma fellten o ddyn! Yn ei ddydd roedd Colin Jackson yn athletwr anhygoel. Sylweddolodd pobl fod ganddo dalent pan oedd yn ifanc iawn ac yn rhedeg gyda'i glwb lleol, y Birchgrove Harriers yng Nghaerdydd. Gallai redeg yn gyflym, neidio a thaflu'r ddisgen a'r waywffon. Enillodd deitl Pencampwr Ifanc y Byd yn Athen, a llwyddodd i dorri record y byd am redeg ras 110 metr dros y clwydi yn Stuttgart yn yr Almaen yn 1993. Gwnaeth hyn mewn 12.91 eiliad, oedd yn record byd am 10 mlynedd, cyn i Liu Xiang o Tsieina ei thorri. Enillodd Colin Jackson deitl y byd eto yn 1999.

Gweithiodd yn gyson i ddatblygu ei ddawn ac roedd yn ddiolchgar i'w fam a'i dad am fod yn esiamplau da o bobl a weithiai'n galed. Daeth ei rieni Angela ac Ossie i Brydain o ynys Jamaica. Doedden nhw ddim yn hollol hapus fod eu mab wedi dewis mynd i'r byd mabolgampau nes iddo ennill medal arian yng Ngemau'r Gymanwlad yn 1986. Erbyn iddo droi'n 19 oed roedd yn gyrru heibio ei hen ysgol mewn car Mercedes newydd sbon.

Fe wnaeth Colin gynrychioli Prydain 71 o weithiau yn ystod ei yrfa. Pan ddaeth yr yrfa honno i ben yn 2003, dechreuodd sylwebu ar athletau i'r BBC ac eraill, ac ymddangosodd ar raglenni fel *Strictly Come Dancing*, *Dancing on Ice*, *Celebrity Masterchef* a *Iaith ar Daith*.

Ei gyfnod gorau fel athletwr oedd rhwng 1993 ac 1995 pan redodd mewn 44 ras heb gael ei guro unwaith. Lwyddodd neb i guro Colin mewn ras ym Mhencampwriaethau Ewrop am gyfnod o 12 mlynedd. A does neb eto wedi curo ei record wrth redeg dros 60 metr.

Mae chwaer Colin, Suzanne Packer, yn actores a oedd i'w gweld yn y gyfres deledu *Casualty*, ymhlith rhaglenni eraill.

COLIN JACKSON

> *Seren wib o rasiwr, gyda thân yn ei fol,*
> *Enw ein harwr – i'w ffrindiau – yw Col.*
> *Mae'n gyflym fel carw, yn mynd fel y boi,*
> *Dyma i chi Gymro sy'n rhedeg yn glou!*

Pa mor gyflym allwch chi redeg 110 metr? Beth am fesur hynny ar iard yr ysgol a threfnu ras?

CRANOGWEN

(1839–1916)
Bardd ac athrawes

Torrodd Sarah Jane Rees dir newydd mewn sawl ffordd, ym myd barddoniaeth, newyddiaduraeth ac addysg. Mae pobl yn ei chofio dan ei henw barddol, sef Cranogwen.

Pan oedd yn ferch ifanc ym mhentref glan môr Llangrannog roedd yn benderfynol o fyw bywyd gwahanol i'r arfer. Er bod ei rhieni am iddi ddysgu gwnïo a gwneud dillad, perswadiodd Cranogwen ei thad, oedd yn gapten llong, i fynd â hi allan ar y môr. Am ddwy flynedd bu hi'n gweithio fel morwr ar longau oedd yn teithio'n ôl a mlaen rhwng Cymru a Ffrainc, cyn iddi fynd i Lundain ac i Lerpwl i orffen ei haddysg forwrol. Enillodd dystysgrif Master Mariner, gan roi iddi'r hawl i fod yn gapten ar unrhyw long, yn unrhyw le yn y byd. Wedi dychwelyd i orllewin Cymru brwydrodd i gael yr hawl i fod yn brifathrawes, gan ddysgu'r plant lleol a dysgu sgiliau'r môr a sut i ddilyn y sêr i ddynion ifanc yr ardal. Byddai nifer o'r rhai a gafodd eu haddysgu ganddi yn troi'n gapteiniaid llongau ac yn hwylio'r moroedd mawr.

Yn 1865 hi oedd y fenyw gyntaf i ennill un o brif wobrwyon yr Eisteddfod Genedlaethol am farddoniaeth, gyda'r gerdd 'Y Fodrwy Briodasol' oedd yn disgrifio bywyd menyw briod. Aeth ymlaen i fod yn un o feirdd mwyaf poblogaidd Cymru.

Yn 1879 hi oedd y fenyw gyntaf i olygu cylchgrawn i fenywod, *Y Frythones*, gan wneud hyn am 13 blynedd. Roedd hi hefyd yn darlithio a chafodd wahoddiad i fynd draw i America ddwywaith.

Bu'n ymgyrchu yn erbyn alcohol, gan sefydlu Undeb Dirwestol Merched y De, a dyfodd i gynnwys 160 cangen erbyn ei marwolaeth yn 1916.

Un o'i syniadau mawr eraill oedd sefydlu lloches i fenywod ifainc er mwyn ffoi rhag problemau trais yn y cartref. Er na fu hi byw i weld y lloches yma i fenywod digartref, agorwyd Llety Cranogwen yn Nhonypandy, Cwm Rhondda yn 1922.

Cwestiynau

1 Mae nifer fawr o enwau sêr yn dod o un iaith yn arbennig. Pa iaith?

2 Beth yw enw'r seren sydd agosaf at y ddaear?

Daniel Owen

(1836–1895)
Nofelydd

Daniel Owen oedd prif nofelydd Cymraeg y 19eg ganrif, ac roedd yn medru creu cymeriadau gwych, ysgrifennu deialog dda a chreu pictiwr o leoliadau oedd yn dod yn fyw i'r darllenydd. Roedd tlodi yn rhan o fywyd cynnar Daniel Owen yn nhre'r Wyddgrug oherwydd lladdwyd ei dad a dau frawd iddo mewn damwain ym mhwll glo Argoed yn 1837, pan oedd Daniel yn flwydd oed, a bu'n rhaid i'w fam ofalu am y teulu bach ar ei phen ei hun.

Chafodd Daniel braidd dim addysg ar wahân i'r ysgol Sul, ac aeth i ddysgu i fod yn deiliwr pan oedd yn 12 mlwydd oed, yn gwneud dillad gyda dyn o'r enw Angel Jones ac roedd y gweithdy yn fath o goleg iddo. Roedd un o'r bobl oedd yn gweithio yno yn darllen llawer a rhoddodd help i Daniel ddysgu ysgrifennu barddoniaeth.

Yn 1876 aeth Daniel yn sâl, a dyna pryd dechreuodd e ysgrifennu o ddifri. Byddai'n ysgrifennu ar ffurf cyfres, a byddai pennod o nofel fel *Gwen Tomos* yn ymddangos bob wythnos mewn cylchgronau. Roedd y nofel *Rhys Lewis* wedi ymddangos bob mis am dair blynedd yn *Y Drysorfa* a phenodau o *Enoc Huws* ym mhapur newydd *Y Cymro* rhwng 1890 ac 1891.

Dyma rai o'i nofelau gorau – *Gwen Tomos*, *Rhys Lewis* ac *Enoc Huws*.

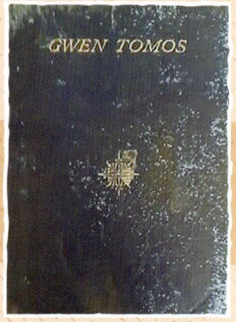  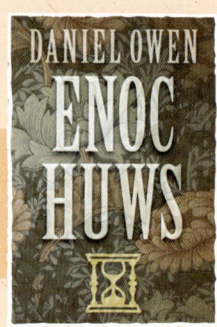

Mae cerflun o Daniel Owen gan Goscombe John yn sefyll yn yr Wyddgrug. Arno mae'r geiriau yma, gan Daniel ei hun: 'Nid i'r doeth a'r deallus yr ysgrifennais, ond i'r dyn cyffredin.'

Bob blwyddyn mae un o brif wobrwyon yr Eisteddfod Genedlaethol, Gwobr Goffa Daniel Owen, yn cael ei rhoi am y nofel orau.

DAVID HUGHES

(1831–1900)
Dyfeisiwr

Y tro nesaf rydych chi'n gweld un o'ch hoff berfformwyr yn sefyll o flaen meicroffon i ganu, neu'n anfon eich llais eich hun drwy eich ffôn symudol, efallai y byddwch yn meddwl am David Hughes oedd yn ddyfeisiwr o fri.

Ganwyd David Hughes yn Llundain, er bod rhai'n credu iddo gael ei eni yng Nghorwen. Roedd ei dad yn dod o'r Bala, ond pan oedd David yn saith oed symudodd y teulu i fyw yn Virginia yn yr Unol Daleithiau. Hyd yn oed yn grwtyn roedd David wedi arddangos doniau arbennig, ac roedd yn canu'r delyn yn dda iawn. Roedd y teulu i gyd yn gerddorion talentog a bu'r tad, a'r ddau fab David a Joseph, yn perfformio gyda'i gilydd yn y Tŷ Gwyn yn Washington.

Disgleiriodd ym myd addysg a chafodd swydd Athro mewn Cerddoriaeth erbyn iddo gyrraedd 19 mlwydd oed. Ddwy flynedd yn ddiweddarach dyfeisiodd delegraff oedd yn caniatáu i bobl anfon neges mewn cod ar hyd weiren, ac yn 1854 rhoddodd y gorau i'w waith er mwyn datblygu'r teclyn newydd. Cyn hir roedd y system newydd i anfon negeseuon yn cael ei defnyddio ar draws America. Erbyn y 1860au roedd y telegraff yn cael ei ddefnyddio ar draws Ewrop hefyd, gan wneud ffortiwn i'r gŵr ifanc.

Yn 1878 dangosodd y meicroffon cyntaf i'r byd, gan adael i gynulleidfa glywed sŵn cleren yn cerdded gyda dyfais wedi ei gwneud o hen hoelion rhydlyd oedd yn troi tonnau sain yn yr awyr yn drydan. Datblygodd hwn i fod y math o feicroffon oedd yn caniatáu i bobl siarad dros y teleffon. Yn wir, gallai wneud pethau cymhleth allan o ddeunyddiau syml fel cwyr a bocsys bach. Dywedodd rhywun amdano ei fod yn 'meddwl gyda'i ddwylo'.

Mewn un arbrawf llwyddodd i anfon signalau radio o'r naill ben i Heol Great Portland yn Llundain i'r llall, dros 500 troedfedd, gan osod sail ar gyfer datblygu radio maes o law. Roedd hyn 20 mlynedd cyn i Marconi wneud rhywbeth tebyg, er taw Marconi sy'n cael y clod am ddyfeisio'r radio.

DAVID LLOYD GEORGE

(1863–1945)
Gwleidydd

Ganwyd David Lloyd George ym Manceinion, lle roedd ei dad yn brifathro ysgol gynradd. Pan oedd David yn fachgen ifanc bu farw ei dad, gan adael y teulu mewn tlodi. Symudodd ei fam at ei brawd Richard yn Llanystumdwy ger Cricieth, a oedd yn creu esgidiau ac yn pregethu ar y Sul. Drwy help ei ewythr cafodd ei hyfforddi yn y gyfraith, gan ddechrau pan oedd yn 14 mlwydd oed.

Fe wnaeth e briodi Margaret yn 1888 a mynd ymlaen i gael pump o blant. Yn 1890, dechreuodd ei yrfa mewn gwleidyddiaeth, pan gafodd ei ethol yn Aelod Seneddol dros Gaernarfon. Roedd ganddo'r enw o fod yn siaradwr doniol a dylanwadol.

Ymunodd â'r Cabinet (oedd yn cynnwys y gweinidogion pwysicaf yn y llywodraeth) a chyn hir cafodd ei wneud yn Ganghellor (y person sy'n edrych ar ôl arian y wlad – job bwysig!), yn 1908. Flwyddyn ar ôl hynny cyflwynodd gynllun i godi mwy o drethi ar y bobl gyfoethog. Bu hefyd yn ymosod mewn iaith bwerus ar landlordiaid, oedd yn gosod tai ar rent.

Un o'r pethau pwysicaf iddo'i wneud yn y cyfnod cyn y Rhyfel Byd Cyntaf oedd cyflwyno yswiriant iechyd a diweithdra, er lles pobl sâl neu ddi-waith. Roedd hyn yn garreg filltir ar y ffordd tuag at greu cymdeithas fwy teg. Yna, pan ddechreuodd y rhyfel, roedd yn rhaid iddo wynebu cost cynhyrchu arfau, ond llwyddodd i wneud hynny gydag egni rhyfeddol.

Yn 54 mlwydd oed cafodd ei ethol yn Brif Weinidog ac roedd yn benodiad poblogaidd trwy Brydain. Un o'i lwyddiannau mawr yn ystod y rhyfel oedd delio â bygythiad ymosodiadau gan longau tanfor a hefyd sicrhau bod y wlad yn cynhyrchu mwy o fwyd.

Ar ôl y rhyfel roedd rhaid cadw'r heddwch, ac aeth Lloyd George i Versailles, Ffrainc, i lofnodi cytundeb heddwch gydag arweinyddion Ffrainc, yr Unol Daleithiau a'r Eidal. Dyna oedd un o uchafbwyntiau ei yrfa gyhoeddus.

Cafodd ei wneud yn Syr, a chael y teitl yr Iarll Lloyd George o Ddwyfor. Digwyddodd hyn ddau fis cyn iddo farw yn Nhŷ Newydd, Llanystumdwy, sydd yn Ganolfan Ysgrifennu Genedlaethol erbyn hyn. Allwch chi enwi pum Prif Weinidog?

DILYS PRICE

(1932–2020)
Plymiwr awyr

Ydych chi wedi ystyried neidio allan o awyren? Gyda pharasiwt, wrth gwrs! Wel, prin fod Dilys Price wedi dychmygu y byddai'n dechrau gwneud hyn pan oedd hi yn ei phumdegau. Yn wir, roedd ganddi ofn uchder, ond ar ôl iddi blymio drwy'r awyr y tro cyntaf teimlai fod tân wedi ei gynnau y tu fewn iddi. Parhaodd y gyn-athrawes o Gaerdydd i awyr-blymio ar draws y byd, gan godi arian at achosion da.

Wedi gyrfa yn dysgu dawns a chwaraeon yng Nghaerdydd, cafodd Dilys ei hyfforddi i awyr-blymio yn yr Unol Daleithiau lle roedd yn byw mewn carafán yn Fflorida ac Arisona. Canolbwyntiodd nid yn unig ar ddysgu sut i blymio ond hefyd ar sut i wneud triciau wrth wneud hynny. Erbyn iddi roi'r gorau iddi roedd hi wedi neidio allan o awyren ar gyflymder o 100 milltir yr awr 1,139 o weithiau! Dywedodd Daredevil Dilys am y profiad: "Rydych yn teimlo mor rhydd. Dim ond chi a phrydferthwch y nen o'ch cwmpas."

Llwyddodd i gyrraedd llyfr y *Guinness World Records* fel y barasiwtwraig hynaf yn y byd. Roedd hi'n 80 mlwydd a 315 diwrnod oed ar y pryd! Gwerthodd Dilys ei pharasiwt pan oedd hi'n 86 oed, ond hyd yn oed ar ôl hynny fe wnaeth hi neidio drwy'r awyr yng nghwmni cyn-gapten tîm rygbi Cymru, Gareth Thomas.

Sefydlodd Dilys elusen Touch Trust i blant ac oedolion gydag anableddau er mwyn iddyn nhw gael profiad o ddawnsio a cherddoriaeth.

Guy Christian

FFEITHIAU ERAILL

Un tro neidiodd Dilys o uchder o 28,000 troedfedd (8,500 metr), felly roedd rhaid iddi gael cyflenwad o ocsigen gyda hi.

Mae'n bosib i blymiwr awyr gyrraedd cyflymdra o 480km yr awr (300 milltir yr awr)!

Pan oedd hi'n 86 bu'n modelu i'r cynllunydd ffasiwn enwog, Helmut Lang.

DYLAN THOMAS

(1914–1953)
Awdur

Efallai taw Dylan Thomas yw'r bardd a'r awdur mwyaf enwog o Gymru. Ysgrifennodd gerddi, straeon byrion a sgriptiau ar gyfer ffilm a radio, gan leisio nifer o'r rhain ei hunan. Yn America byddai'n darllen ei waith i gynulleidfaoedd mawr, oedd yn gwerthfawrogi ei lais melfedaidd.

Cafodd ei eni yn 5 Cwmdonkin Drive, Abertawe, sydd nawr yn amgueddfa i gofio am Dylan. Roedd y teulu yn siarad Cymraeg, a'i ewythr, Gwilym Marlais, yn fardd Cymraeg, a roddodd ei enw canol i Dylan Marlais Thomas.

Er ei fod yn adnabod rhannau o Abertawe yn dda, roedd e hefyd yn gyfarwydd iawn â Sir Gaerfyrddin oherwydd roedd yn treulio ei wyliau haf ar fferm ei fodryb Ann. Dyma'r fferm oedd yn ysbrydoliaeth i'r gerdd enwog 'Fern Hill'.

Aeth i Ysgol Ramadeg Abertawe lle roedd ei dad yn athro ers blynyddoedd. Llwyddodd i gyhoeddi cerdd yng nghylchgrawn yr ysgol ond doedd e ddim yn ddisgybl da, ar wahân i'r gwersi Saesneg, lle disgleiriodd.

Ar ôl gadael yr ysgol aeth i weithio fel gohebydd i bapur lleol y *South Wales Evening Post*, ond collodd ei swydd yno yn eithaf sydyn. Yn 1933 enillodd gystadleuaeth farddoniaeth, a'r flwyddyn wedi hynny symudodd i Lundain a chafodd ei lyfr cyntaf, *18 Poems*, dipyn o ganmoliaeth.

Priododd Caitlin Macnamara yn 1937 a symudodd y ddau i fyw yn Nhalacharn yn Sir Gaerfyrddin yn 1938. Mae'n werth mynd i weld ei sied ysgrifennu sydd â golygfa fendigedig o afon Taf.

Aeth ar ymweliad ag America yn 1953, ond bu farw yn ifanc iawn, yn 39 mlwydd oed, yn Efrog Newydd yr un flwyddyn.

Rhai o weithiau mwyaf enwog Dylan yw'r ddrama i leisiau *Under Milk Wood*, y gerdd 'Do Not Go Gentle Into That Good Night' a'r stori *A Child's Christmas in Wales*. Dyma frawddeg o'r stori hyfryd honno:

> It snowed last year too: I made a snowman and my brother knocked it down and I knocked my brother down and then we had tea.

Y Dywysoges Gwenllian

(1100-1136)
Milwr

Mae mwy nag un Dywysoges Gwenllian yn ein hanes ond yr un sydd dan sylw yma yw'r un sy'n gysylltiedig â Chydweli. Yn wir, mae sawl lle yno wedi ei enwi ar ei hôl, gan gynnwys gwesty, canolfan gymunedol, ysgol a chae.

Roedd cyfnod y Normaniaid yng Nghymru yn gyfnod o frwydro, wrth i'w milwyr arfog ar gefn ceffylau symud yn chwim o gwmpas y wlad. Bydden nhw'n adeiladu cestyll syml i ddechrau ond ar ôl iddyn nhw ymsefydlu codwyd rhai mwy parhaol.

Glaniodd y Normaniaid yn Lloegr yn 1066 pan wnaeth eu brenin, Gwilym Goncwerwr, ennill brwydr yn Hastings yn erbyn y Brenin Harold a'i ddynion. Y flwyddyn ar ôl hynny dechreuodd y gwaith o adeiladu castell yng Nghas-gwent ar lannau afon Gwy. Oherwydd natur y tir mynyddig doedd y Normaniaid ddim yn medru ymladd yn erbyn y Cymry yn hawdd a bu'n rhaid i'r Cymry, yn eu tro, ddysgu sut i ymladd yn erbyn pobl mewn cestyll.

Merch i frenin Gwynedd, Gruffudd ap Cynan, oedd Gwenllian, ac roedd ei thad wedi rheoli Gwynedd am 30 mlynedd – amser hir mewn cyfnod gwyllt ac ansicr. Priododd Gwenllian ddyn o'r enw Gruffudd ap Rhys o ardal Deheubarth a bu'n byw yn ei gartref teuluol yn Nyffryn Tywi. Yno roedd ei thir dan fygythiad cyson gan y Normaniaid a bu'n rhaid i Gwenllian a Gruffudd guddio'n aml yn y coedwigoedd trwchus.

Dechreuodd Gwenllian a Gruffudd wrthryfela yn llwyddiannus yn erbyn eu gelynion, ond roedd ambell elyn, gan gynnwys Maurice de Londres oedd yn berchen castell Cydweli, yn addo y byddai'n codi byddin fawr ac yn lladd Gruffudd. Penderfynodd Gruffudd deithio i'r gogledd i ofyn am help ei dad yng nghyfraith, gan adael Gwenllian ar ôl.

Ar 1 Mawrth 1136 daeth newyddion bod byddin fawr o Normaniaid ar ei ffordd o Forgannwg, felly anfonodd Gwenllian y rhan fwyaf o'i milwyr i'w rhwystro rhag croesi afon Llwchwr, rhwng Abertawe a Llanelli. Penderfynodd wneud yn siŵr na allai Maurice adael ei gastell.

Ond bradychwyd Gwenllian ac amgylchynwyd ei milwyr gan filwyr Maurice o'r castell. Bu brwydro ffyrnig ac yn arwain y Cymry roedd Gwenllian, menyw ddewr gyda chalon enfawr. Ond cafodd hi a'i theulu eu dal a lladdwyd Gwenllian. Mae sôn bod ffynnon wedi codi yn y man lle cwympodd ei chorff.

GWENLLIAN FERCH GRUFFUDD AP CYNAN

FFEITHIAU

1. Ganwyd y Dywysoges Gwenllian ar Ynys Môn. Roedd ganddi saith o frodyr a chwiorydd.

2. Mae fferm o'r enw Maes Gwenllian i'w gweld ar fap ardal Cydweli.

3. Dywedir bod ysbryd Gwenllian yn dal i grwydro'r castell gyda'r nos.

ELIZABETH ANDREWS

(1882–1960)
Ymgyrchydd

Cafodd Elizabeth Andrews ei geni yn un o 11 o blant i deulu tlawd. Roedd ei thad yn löwr yn ardal Hirwaun ac er bod Elizabeth yn breuddwydio am fod yn athrawes, bu'n rhaid iddi adael yr ysgol yn 13 mlwydd oed i ddod ag arian i mewn i'r tŷ. Dechreuodd ennill cyflog trwy wneud dillad.

Pan symudodd i'r Rhondda yn 26 oed roedd gweld y tlodi yno wedi gwneud iddi benderfynu gwneud rhywbeth yn ei gylch. Hi oedd Trefnydd Menywod cyntaf y Blaid Lafur yng Nghymru, gan geisio sicrhau addysg i fenywod a gwneud yn siŵr eu bod nhw'n defnyddio eu pleidlais mewn etholiadau. Byddai'n cyfieithu taflenni i'r Gymraeg i wneud yn siŵr bod pawb yn eu deall.

Yn 1920 daeth Elizabeth Andrews yn un o'r ynadon heddwch benywaidd cyntaf yng Nghymru.

Oherwydd bod Elizabeth yn briod â glöwr ac yn ferch i löwr roedd yn gwybod pa mor beryglus oedd y gwaith dan ddaear. Ond roedd hi hefyd yn gwybod am y straen ar fenywod, oedd yn gorfod cario bwcedi o ddŵr bob dydd i roi bath i'r dynion ar ôl iddyn nhw ddod adre o'r pwll glo yn ddu gan ddwst. Byddai plant hefyd yn cael eu niweidio a'u llosgi oherwydd y dŵr berw oedd yn cael ei ddefnyddio. Roedd sychu dillad mewn cartrefi bach yn niweidio iechyd y plant, felly ymgyrchodd Elizabeth i wella'r sefyllfa ac yn 1924 daeth cyfraith newydd oedd yn mynnu bod rhaid cael cyfleusterau ymolchi i lowyr yn y pwll glo ei hunan, y *pit head baths*.

Gweithiodd Elizabeth yn ddiflino hefyd i wella gofal plant, gan sefydlu meithrinfa oedd yn un o'r rhai cyntaf o'i math, a bu'n helpu teuluoedd tlawd yn ystod y Dirwasgiad yn y 1930au i gael bwyd am ddim mewn ceginau cawl.

Arwyddair Elizabeth oedd 'Educate, Agitate, Organise', ac i nifer o fenywod oedd yn teimlo'n ddiolchgar iddi, hi oedd 'Our Elizabeth' – Ein Elizabeth Ni. Ysgrifennodd ei hunangofiant, *A Woman's Work is Never Done*, a gafodd ei gyhoeddi yn 1957, ac eto gan Wasg Honno yn 2006.

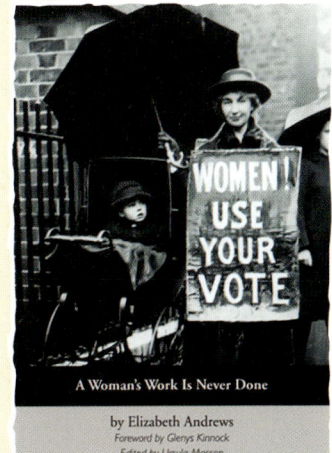

ERIC JONES

(1935)
Mynyddwr

Eric Jones yw un o ddringwyr gorau'r byd ac mae'n un sy'n hoff o wynebu perygl ac uchder, ar ei ben ei hun yn aml. Llwyddodd i ddringo'r Eiger yn yr Alpau heb neb yno i'w helpu.

Pan oedd yn fachgen, yn byw ar fferm ger Rhuthun, breuddwydiai am ymuno â'r Parachute Regiment ond cafodd ddamwain moto-beic a wnaeth hynny'n amhosibl.

Ond eto, dechreuodd Eric daflu ei hun, gyda pharasiwt ar ei gefn, allan o awyrennau pan oedd yn ei ugeiniau, a thros y blynyddoedd mae wedi glanio ar Begwn y Gogledd a disgyn i lawr wyneb mynydd Cerro Torre ym Mhatagonia. Pan oedd yn 61 oed, neidiodd oddi ar raeadr enwog Angel Falls yn Venezuela, De America. Cyrhaeddodd gyflymder o 120 milltir yr awr mewn wyth eiliad.

Yn 1991, fel aelod o dîm o bedwar, hedfanodd dros Eferest mewn balŵn, gan lwyddo i gael lle yn y *Guinness Book of Records* am hynny.

Mae'n dal i ddringo, cerdded, rhedeg a mynd ar gefn moto-beic yn ei wythdegau. Yn wir, pan oedd yn 82 penderfynodd ailymweld â lle o'r enw Tŵr Delgado, mynydd anodd ei ddringo yn yr Eidal roedd e wedi ei ddringo'n llwyddiannus pan oedd yn ddyn ifanc. A llwyddodd i wneud hynny am yr ail waith, wrth gwrs.

Mae gan Eric Jones gaffi yn Nhremadog sy'n llawn lluniau o'i anturiaethau ar draws y byd. Mae pobl sy'n dod i ddringo ym mynyddoedd gogledd Cymru yn hoff o gwrdd i gael paned yno.

Cwis am fynyddoedd

1. Beth yw uchder Eferest, y mynydd uchaf yn y byd? 8,848 metr, 3,848 metr neu 1,848 metr?

2. Beth yw enw mynydd uchaf yr Alban?

3. Beth yw enw'r ail fynydd uchaf yn y byd?

4. Beth yw uchder yr Wyddfa? 1,085 metr, 3,085 metr neu 8,085 metr?

Esmé Kirby

(1910–1999)
Ymgyrchydd

Fel y gwyddoch yn iawn, mae'n siŵr, mae nifer o fynyddoedd yng Nghymru – gwlad fynyddig yw hi, a'r tir uchel fel sawl asgwrn cefn. Ond dydyn nhw ddim yn ddiogel rhag effaith pobl sydd wedi bod yn naddu'r graig, yn hollti llechi ac yn cerdded yn eu miloedd ar hyd rhai ohonyn nhw.

Ganwyd Esmé Kirby yn Surrey, Lloegr, ond symudodd hi a'i theulu i Landudno pan oedd hi'n ferch ifanc. Roedd Esmé a'i bryd ar actio, a byddai'n treulio amser ar lwyfan gyda chwmni enwog y Sir Frank Benson Shakespeare Company. Ond cwympodd mewn cariad â thir uchel ac awyr iach Cymru.

Mae bywyd Esmé a'i gŵr cyntaf, Thomas Firbank, yn sail i'r llyfr hynod boblogaidd *I Bought a Mountain* sy'n disgrifio'r ddau yn dysgu ffermio defaid yn Nyffryn Mymbyr, Capel Curig yn Eryri. Bwriad Esmé oedd creu un o'r ffermydd mynydd gorau yng Nghymru ar y 3,000 erw o dir uchel o fewn ffiniau'r fferm. Rhoddwyd y fferm i ofal yr Ymddiriedolaeth Genedlaethol ar ôl marwolaeth Esmé a'i hail ŵr, Peter.

Roedd hi'n berson penderfynol erioed. Roedd ganddi ddiddordeb mewn ceffylau ac yn fenyw ifanc roedd yn rhedeg ysgol farchogaeth. Yn 1938 penderfynodd dorri'r record am redeg lan a lawr 14 copa mynyddoedd Eryri mewn diwrnod. Er iddi niweidio'i hun wrth wneud yr her, llwyddodd i dorri'r record o 12 awr 30 munud i lawr i 9 awr 25 munud.

Yn y 1950au brwydrodd Esmé Kirby yn erbyn sefydlu hostel ar lethrau'r Glyderau, ac yn 1958 sefydlodd Gymdeithas Eryri gyda'i gŵr Peter er mwyn amddiffyn yr ardal rhag datblygiadau niweidiol. Ymunodd 300 o bobl â'r Gymdeithas. Bu'n ymgyrchu hefyd i ailsefydlu'r wiwer goch ar

ESMÉ KIRBY

Ynys Môn ac erbyn heddiw mae'r anifail swil a phrin i'w weld ar draws yr ynys.

Mae llyfr wedi ei ysgrifennu am ei bywyd, sef *Esmé: The Guardian of Snowdonia* gan Teleri Bevan.

GARETH EDWARDS

(1947)
Chwaraewr rygbi

Bob tro y bydd pobl yn trafod pwy oedd y chwaraewr rygbi gorau erioed i chwarae dros Gymru, gallwch fod yn sicr y bydd enw Gareth Edwards yn cael ei grybwyll. Roedd yn un o'r olwyr gorau mewn cyfnod pan oedd Cymru'n dîm chwedlonol o dda. Mewn pôl piniwn yn 2003 dewiswyd Gareth fel y gorau o holl chwaraewyr y byd yn hanes y gêm.

Cafodd Syr Gareth Edwards ei eni a'i fagu ym mhentref Gwauncaegurwen, lle roedd ei dad yn gweithio yn y pwll glo. Pan oedd yn ifanc profodd Gareth fod ganddo ddawn i chwarae pêl-droed yn ogystal â rygbi, ac aeth mor bell â chael cytundeb i chwarae i dîm Abertawe. Roedd yn disgleirio mewn gymnasteg ac athletau hefyd.

Gallai ddawnsio, gwibio, hedfan heibio'r gwrthwynebwyr. Gallai redeg yn igam-ogam, neu newid gêr fel newid cyflymdra car, gan adael y tîm arall yn ceisio dal ei gysgod. Gallai basio, rhedeg, cicio a darllen y gêm yn wych. Chwaraeodd dros Gymru am y tro cyntaf pan oedd yn 19 mlwydd oed, yn erbyn Ffrainc ym Mharis.

Gwisgodd y crys rhif 9, sef crys y mewnwr, mewn cyfnod pan enillodd Cymru Bencampwriaeth y Pum Gwlad (ie, dim ond pum gwlad oedd yn cystadlu bryd hynny) 11 gwaith mewn 15 tymor rhwng 1964 ac 1978. Mae e hefyd yn rhan o griw bach o bobl sydd wedi ennill tair Camp Lawn, sef pan mae un tîm yn maeddu pob tîm arall yn y gystadleuaeth.

Mae'n bosib taw ei gais i dîm y Barbariaid yn erbyn Seland Newydd yn 1973 oedd y cais rygbi gorau erioed. Chwaraeodd i dîm Llewod Prydain ac Iwerddon ddeg gwaith yn ogystal, gan gynnwys taith i Dde Affrica pan enillodd y Llewod bob gêm. Y Llewod yn rhuo felly!

GARETH EDWARDS

20, 20, 20!

Fe oedd capten ieuengaf Cymru, gan wneud hynny am y tro cyntaf pan oedd yn **20 mlwydd oed**, a bu'n **gapten 20 gwaith** dros ei wlad. Hefyd, **sgoriodd 20 cais** mewn gemau rhyngwladol.

GERAINT THOMAS

(1986)
Seiclwr

Mae dau fath o rasio beic – ar yr hewl ac ar y trac – ac mae'r Cymro Geraint Thomas yn feistr ar y ddau.

Yn 2018 enillodd y Tour de France, ras enwocaf y byd. Mae'n ras 3,500km o hyd o gwmpas Ffrainc sy'n para 23 diwrnod, yn mynd drwy fynyddoedd yr Alpau a'r Pyrenees ac yn gorffen ar y Champs-Élysées ym Mharis. Geraint oedd y seiclwr cyntaf o Gymru i ennill y ras, a phan ddaeth yn ôl i Gaerdydd daeth torf o 3,000 o bobl ynghyd o flaen y Senedd i'w groesawu. Newidiwyd enw'r trac rasio beiciau cenedlaethol yng Nghasnewydd i Felodrom Cenedlaethol Geraint Thomas i gofnodi ei gamp.

Mae e hefyd yn bencampwr ar y trac, ac wedi ennill medal aur ddwywaith yn y Gemau Olympaidd – Beijing 2008 a Llundain 2012. Bu'n rasio mewn tîm o bedwar gan fynd o gwmpas y trac am 4km mor gyflym fel nad oes digon o ocsigen yn cyrraedd yr ymennydd, ac mae'r raswyr yn gweld smotiau duon o flaen eu llygaid!

Magwyd Geraint ar gyrion Caerdydd, ac roedd yn treulio'r rhan fwyaf o'i amser sbâr yn y felodrom yn y Maendy. Pan oedd yn 10 mlwydd oed ymunodd â chlwb y Maindy Flyers, lle roedd yn rasio gyda ffrind da iddo, Luke Rowe, sydd hefyd yn seiclwr llwyddiannus erbyn hyn.

Aeth Geraint i Ysgol Uwchradd yr Eglwys Newydd a dewisodd ymuno â'r Academi Seiclo yn hytrach na mynd i'r coleg. Ar ôl gwella ei sgiliau a'i ffitrwydd enillodd 6 Chwpan Byd a 2 Bencampwriaeth Byd, gan ennill medal aur am y tro cyntaf yn 2007 ym Mallorca..

Ar ôl ennill sawl ras bwysig yn 2018, gan gynnwys y Tour de France, cafodd ei ddewis yn Bersonoliaeth Chwaraeon y BBC.

Bellach mae Geraint yn byw ym Monaco yn ne Ffrainc gyda'i wraig Sara Elen.

HEDD WYN

(1887–1917)
Bardd

Bardd a bugail oedd Hedd Wyn, a gollodd ei fywyd yn y Rhyfel Byd Cyntaf.

Er bod pawb yn ei adnabod fel Hedd Wyn, ei enw iawn oedd Ellis Humphrey Evans. Cafodd ei eni yn Nhrawsfynydd yng Ngwynedd, yn un o 11 o blant. Symudodd y teulu i fyw ar fferm fynydd, sef yr Ysgwrn yng Nghwm Prysor. Yma dechreuodd Ellis edrych ar ôl y defaid pan oedd yn 14 mlwydd oed. Yn ei amser rhydd byddai'n cerdded i lyfrgell Blaenau Ffestiniog i ddarllen.

Ysgrifennodd ei ddarn cyntaf o farddoniaeth pan oedd yn 11 mlwydd oed, ac yn 20 oed enillodd y Gadair yn Eisteddfod y Bala yn 1907 a gwneud yr un peth mewn sawl eisteddfod arall, o Bwllheli i Bontardawe.

Pan ddechreuodd y rhyfel doedd Hedd Wyn ddim eisiau mynd i ymladd am ei fod yn credu mewn heddwch. Ond ymunodd oherwydd bod rhaid i un o feibion yr Ysgwrn fynd, felly aeth Ellis i'r fyddin yn lle ei frawd Robert.

Ar ddechrau 1917 teithiodd Hedd Wyn i Ffrainc gyda'r Ffiwsilwyr Cymreig, lle ysgrifennodd gerdd dan ffugenw a'i hanfon i gystadleuaeth y Gadair yn yr Eisteddfod Genedlaethol. Ym mis Gorffennaf bu farw ym mrwydr fawr Passchendaele, lle collodd 700,000 o filwyr eu bywydau.

Ym mis Medi roedd yr Eisteddfod Genedlaethol ym Mhenbedw (Birkenhead), ger Lerpwl, a phan alwyd ar y bardd i godi yn seremoni'r cadeirio ni safodd neb ar ei draed. Bu'n rhaid rhannu'r newyddion trist bod y bardd wedi marw yng Ngwlad Belg chwe wythnos ynghynt.

HEDD WYN

Lapiwyd y Gadair mewn gorchudd du ac mae pobl yn cyfeirio at yr Eisteddfod honno fel Eisteddfod y Gadair Ddu. Os ewch i'r Ysgwrn gallwch weld y gadair, a'r ardal hyfryd oedd wedi ysbrydoli Hedd Wyn i ysgrifennu.

FFAITH I YSBRYDOLI

Cafodd y ffilm *Hedd Wyn*, am fywyd y bardd, ei henwebu am Oscar yn 1994 yng nghategori'r ffilm orau mewn iaith dramor, y tro cyntaf i ffilm Gymraeg gael ei dewis gan bwysigion Hollywood.

HYWEL DDA

(tua 880–950)
Brenin a chyfreithiwr

Brenin yn ne-orllewin Cymru oedd Hywel Dda ac mae'r gair 'da' yn cyfeirio at y ffaith ei fod wedi creu nifer o gyfreithiau neu reolau oedd yn deg, neu'n dda. Un o'r pethau da amdanyn nhw oedd eu bod yn sicrhau hawliau i fenywod.

Er mwyn creu'r deddfau daeth Hywel â nifer o bobl o bob rhan o Gymru at ei gilydd yn Hendy-gwyn ar Daf, Sir Gaerfyrddin, er mwyn newid cyfreithiau yn ymwneud â throsedd a hawliau pobl. Mae cofeb i Hywel yn Hendy-gwyn – dyn clyfar a dewr oedd yn gwybod sut i gadw'r heddwch gyda brenin yr Eingl-Sacsoniaid yn Lloegr ar y pryd, sef Athelstan.

Ei enw llawn oedd Hywel Dda ap Cadell ac roedd yn frenin dros ardal o Gymru o'r enw Deheubarth, ond erbyn ei farwolaeth roedd yn rheoli Gwynedd hefyd. Felly roedd ei deyrnas yn ymestyn yr holl ffordd o Brestatyn i Sir Benfro.

Erbyn diwedd ei gyfnod roedd Hywel Dda wedi uno Cymru gyfan, bron, gyda ffiniau pendant â Lloegr. Roedd gan y wlad ei hiaith ei hun, ei heglwys ei hun, ei llenyddiaeth a'i chyfreithiau ei hun, a'i system lywodraethu ei hun hefyd. Yn anffodus, ar ôl i Hywel farw, chwalodd yr olaf o'r rhain wrth i wahanol bobl ymladd dros y frenhiniaeth.

FFEITHIAU I YSBRYDOLI

Roedd Hywel yn gallu darllen Lladin, Saesneg a Chymraeg. Nid yn unig roedd yn medru Lladin ond yn y flwyddyn 928 aeth i Rufain, oedd yn siwrne hir iawn mewn oes cyn bod trên na char nac awyren.

Tad-cu Hywel Dda oedd y brenin Rhodri Mawr o Wynedd.

Mae'r darn cyntaf o arian i'w fathu gan frenin o Gymru – ceiniog gafodd ei chynhyrchu yng Nghaer – yn cynnwys y geiriau HOVÆL REX, sef Hywel Frenin yn Lladin. Roedd hyn yn tanlinellu ei statws pwysig.

Irene Steer

(1889–1977)
Nofwraig

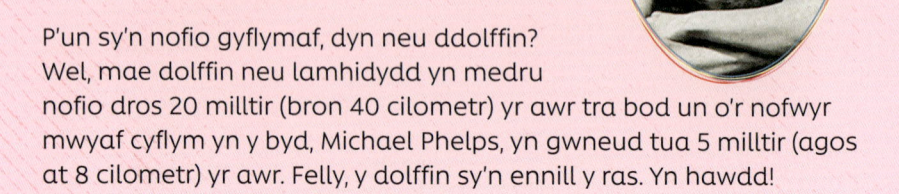

P'un sy'n nofio gyflymaf, dyn neu ddolffin? Wel, mae dolffin neu lamhidydd yn medru nofio dros 20 milltir (bron 40 cilomêtr) yr awr tra bod un o'r nofwyr mwyaf cyflym yn y byd, Michael Phelps, yn gwneud tua 5 milltir (agos at 8 cilomêtr) yr awr. Felly, y dolffin sy'n ennill y ras. Yn hawdd!

Ond mae rhai pobl yn medru nofio'n gyflym iawn…

Dysgodd Irene Steer i nofio yn llyn mawr Parc y Rhath yng Nghaerdydd pan oedd hi'n wyth mlwydd oed. Byddai ei rhieni yn mynd â hi i bwll nofio'r ddinas hefyd, yn rhannol er mwyn iddi fod allan o'r tŷ lle roedd ei chwaer yn sâl.

Pan oedd hi'n ferch ifanc prin y byddai Irene wedi breuddwydio y byddai'n dysgu sut i nofio yn gyflym. Yn wahanol i nifer o'r rhai oedd yn rasio yn ei herbyn roedd Irene yn fyr iawn, dim ond 1.57 metr (5 troedfedd a 2 fodfedd), ond eto roedd hi'n chwim fel dolffin. Enillodd bob ras dros 100 metr yng nghystadlaethau Cymru am saith mlynedd – o 1907 i 1913.

Hi oedd y fenyw gyntaf o Gymru i ddal record y byd mewn unrhyw fath o chwaraeon. Yn 1912 enillodd fedal aur yn y Gemau Olympaidd yn Stockholm, Sweden, fel rhan o dîm o fenywod o Brydain, y tro cyntaf i unrhyw Gymraes ddisgleirio yn y maes. Yn ddiddorol, dyma'r tro cyntaf erioed i fenywod nofio yn y Gemau, ac yn wir, dim ond 50 menyw allan o 2,500 o gystadleuwyr oedd yn cystadlu yn y Gemau i gyd, ac yn cael y cyfle i gynrychioli eu gwlad.

IRENE STEER

> Doedd neb o'i bath, ar barc y Rhath,
> Yn nofio'n chwim ar draws y llyn,
> Ei phen yn codi i lyncu aer
> Ar ras i ennill ei medal aur.

IVOR NOVELLO

(1893-1951)
Cyfansoddwr, dramodydd ac actor

Efallai fod disgwyl i Ivor Novello fod yn gerddorol. Roedd ei fam, Dame Clara Novello Davies, yn enwog am ddysgu canu, ond roedd Ivor yn fwy enwog am gyfansoddi sioeau cerdd, actio, rhedeg cwmni theatr ac ysgrifennu dramâu.

Mae cerflun ohono y tu allan i Ganolfan y Mileniwm, a'r plac glas yma y tu allan i'w hen gartref yn ardal Glanyrafon, Caerdydd, hanner milltir o'r castell yng nghanol y ddinas.

Ond ei ganeuon sy'n dathlu ei dalent fwyaf ac roedd un ohonynt, 'Keep the Home Fires Burning', yn hynod o boblogaidd yn ystod y Rhyfel Byd Cyntaf am ei bod yn codi ysbryd pobl:

> Keep the Home Fires burning,
> While your hearts are yearning.
> Though your lads are far away
> They dream of home.

> There's a silver lining
> Through the dark clouds shining,
> Turn the dark cloud inside out
> Till the boys come home.

Ganwyd Ivor Novello yng Nghaerdydd, lle roedd ei dad yn casglu rhent i Gyngor y Ddinas. Pan oedd yn blentyn bu Ivor yn cystadlu'n llwyddiannus yn yr Eisteddfod Genedlaethol. Cafodd ei addysg uwch ym Mhrifysgol Rhydychen cyn iddo ymuno â llu awyr y Llynges Brydeinig yn 1916.

Yn 1919 cafodd gynnig i fod mewn ffilm, *The Call of the Blood*, ac actiodd mewn nifer o ffilmiau wedi hynny. Ond ei gariad pennaf oedd y theatr ac roedd ganddo ddawn i ysgrifennu sioeau rhamantus a phoblogaidd. Byddai nid yn unig yn ysgrifennu'r dramâu ond hefyd yn eu cynhyrchu ac yn actio ynddyn nhw.

Sefydlwyd gwobrwyon am ysgrifennu caneuon yn 1955 i gofio amdano ac ymhlith yr enillwyr mae Ed Sheeran, Madonna, David Bowie a James Dean Bradfield o'r Manic Street Preachers.

Jade Jones

(1993)
Pencampwraig Taekwondo

Roedd Jade Jones o Fodelwyddan, Sir Ddinbych, yn 8 mlwydd oed pan aeth i sesiwn Taekwondo gyda'i thad-cu am y tro cyntaf. Math o ymladd yw Taekwondo a ddatblygwyd yng Nghorea, lle mae person yn taflu dwrn ac yn cicio'n gyflym ac yn uchel.

"Tae" = taflu dwrn   "kwon" = cic   "do" = dull

Gadawodd Jade yr ysgol pan oedd hi'n 16 oed er mwyn canolbwyntio ar ei champ, ac aeth ymlaen i ennill medal aur yn y Gemau Olympaidd yn Llundain yn 2012 pan oedd hi'n 19 oed. Dyma'r tro cyntaf i unrhyw un o Gymru ennill yn y gamp. Bu'n wynebu'r ffefryn, Tseng Li-Cheng o Taipei, yn y rownd gynderfynol cyn curo Hou Yuzhuo o Tsieina o 6 phwynt i 4 yn y rownd derfynol i ennill teitl y menywod.

Aeth Jade ymlaen i ychwanegu medal aur arall yng Ngemau Olympaidd Rio de Janeiro, Brasil yn 2016 – y fenyw gyntaf erioed o Gymru i amddiffyn teitl Olympaidd. A hithau mewn cyflwr corfforol arbennig ac yn llawn hyder, aeth i Rio 2016 ac ennill rownd derfynol wefreiddiol o 16–7 yn erbyn Eva Calvo Gómez o Sbaen.

Roedd Jade eisoes wedi ennill medalau aur Ewropeaidd ac yng Ngemau'r Gymanwlad.

Ym mis Mai 2019 enillodd Jade y teitl byd cyntaf yn ei gyrfa, gan gipio'r fedal aur ym Mhencampwriaeth Taekwondo'r Byd ym Manceinion. Llwyddodd i ennill 14–7 yn erbyn ei gwrthwynebydd Lee Ah-reum o Dde Corea.

Ei nod oedd ennill 3 medal aur Olympaidd yn olynol oherwydd does yr un fenyw o Brydain erioed wedi cyflawni hyn. Ond yn anffodus, cafodd Jade ei churo yn rownd gyntaf y Gemau Olympaidd yn Tokyo yn 2021. Siom enfawr iddi, heb os.

JADE JONES

Enillodd Jade deitl Personoliaeth Chwaraeon y Flwyddyn BBC Cymru yn 2012, ac eto yn 2016, a chafodd OBE (Order of the British Empire) yn 2020 am ei chyfraniad i Taekwondo.

Tair ffaith am Dde Corea:

1. Yr anifail cenedlaethol yw Teigr Siberia.
2. Mae miwsig pop y wlad yn enwog drwy'r byd, yn dilyn llwyddiant y gân 'Gangnam Style' a berfformiwyd gan PSY.
3. Mae 10 miliwn o bobl yn byw yn y brifddinas, Seoul.

JAN MORRIS

(1926–2020)
Hanesydd ac awdur

Pan fu ymgais i ddringo Eferest, mynydd uchaf y byd, yn 1953, roedd y byd i gyd am wybod a fyddai'r dringwyr Edmund Hillary a Tenzing Norgay yn llwyddo i goncro'r mynydd a sefyll 29,035 troedfedd uwchben lefel y môr. Y person cyntaf i rasio i lawr y llethrau iâ er mwyn anfon y stori i bapur dyddiol y *Times* ar gyfer y dudalen flaen oedd Jan Morris. Ei henw ar y pryd oedd James Morris ond newidiodd ei rhyw yn 1972 yn dilyn proses feddygol hir.

Yn 1954, flwyddyn ar ôl dringo Eferest, teithiodd ar draws yr Unol Daleithiau o Efrog Newydd i Los Angeles gan ysgrifennu llyfr am y profiad o'r enw *Coast to Coast*.

Roedd Jan yn awdur dros 30 o lyfrau gan gynnwys nifer o gyfrolau am ddinasoedd megis Sydney, Rhydychen, Hong Kong a Fenis. Un o'i hoff lefydd oedd Efrog Newydd a byddai'n ymweld â'r lle yn flynyddol o'i chartref ym mhentref Llanystumdwy ger Cricieth. Pan fyddai'n cyrraedd rhywle newydd byddai'n smalio ei bod ar goll, gan ddibynnu felly ar garedigrwydd pobl i'w helpu. Iddi hi roedd caredigrwydd yn un o'r pethau pwysicaf yn y byd.

Ysgrifennodd lyfrau hanes hefyd, gan gynnwys hanes yr Ymerodraeth Brydeinig mewn cyfres o dri llyfr o'r enw *Pax Britannica*.

Cafodd Jan ei geni yn 1926 yng Ngwlad yr Haf, ei thad yn Gymro a'i mam yn Saesnes. Aeth i Ysgol Eglwys Gadeiriol Christ Church yn Rhydychen, lle roedd yn canu yn y côr, ac aeth i'r brifysgol yn y ddinas honno hefyd.

Yn ystod yr Ail Ryfel Byd ymunodd â'r fyddin, gan weithio ym Mhalesteina ac ymweld hefyd â dinas Trieste yng ngogledd yr Eidal, oedd yn destun un o'i llyfrau gorau.

JAN MORRIS

MWY O FFEITHIAU

Un o blant Jan yw'r bardd a'r canwr Twm Morys, wnaeth ysgrifennu llyfr ar y cyd â hi am Fachynlleth – *A Machynlleth Triad*.

Roedd yn dal i ysgrifennu a chyhoeddi tan iddi farw yn 2020 yn 94 mlwydd oed.

Un o'i diddordebau oedd ceir ac roedd yn mwynhau gyrru'n gyflym iawn.

Un o hoff bethau Jan oedd marmalêd – byddai ganddi fath gwahanol ar gyfer pob diwrnod o'r wythnos.

John Charles

(1931–2004)
Pêl-droediwr

John Charles oedd un o bêl-droedwyr gorau'r byd, ochr yn ochr â Pele o Frasil a Maradona o'r Ariannin.

Roedd John Charles yn dod o Gwmbwrla yn ardal Abertawe a phan oedd yn fachgen gallai pobl weld bod ganddo ddoniau naturiol. Byddai sgowtiaid clybiau pêl-droed yn mynd o gwmpas yn edrych am dalent ymhlith chwaraewyr ifanc er mwyn eu denu i chwarae i'r timau mawr. Major Frank Buckley, rheolwr Leeds United, oedd wedi rhwydo a denu John Charles o Abertawe. Penderfynodd y byddai John yn chwarae fel ymosodwr blaen (*striker*). Roedd hyn yn syniad da iawn, oherwydd llwyddodd i sgorio 153 gôl mewn 308 o gemau i'r clwb enwog. Gallai daro'r bêl i'r rhwyd gyda'i droed dde, ei droed chwith a'i ben, ac roedd y ffaith ei fod yn 6 throedfedd a 2 fodfedd o daldra yn help i'w godi'n uwch yn yr awyr na'r chwaraewyr oedd yn ei erbyn.

Oherwydd ei sgiliau daeth enw John yn amlwg ar draws y byd ac roedd clybiau yn Ewrop yn awyddus i'w ddenu. Yn 1957, talodd clwb Juventus yn yr Eidal y ffi fwyaf erioed yn hanes y gêm hyd at hynny, sef £65,000, amdano. Oherwydd talent John am sgorio goliau – 93 gôl mewn 155 gêm – fe wnaeth y tîm gael llwyddiant ar ôl llwyddiant. Enillodd Juventus bencampwriaeth yr Eidal deirgwaith a Chwpan yr Eidal, y Coppa Italia, ddwywaith.

Ond roedd tîm Cymru yn elwa hefyd. Enillodd 38 cap i'w wlad, gan sgorio 15 gôl.

Yn 2004 gofynnodd UEFA, y corff sy'n trefnu pêl-droed yn Ewrop, i bobl ddewis y chwaraewr gorau erioed yn y gwledydd unigol. A phwy enillodd yng Nghymru? John Charles, wrth gwrs.

Chafodd John Charles ddim un rhybudd na chosb gan ddyfarnwr am gamymddwyn ar y cae. Oherwydd hyn cafodd ei alw 'Y Cawr Addfwyn'.

Cwestiynau

1. Sawl person sy'n chwarae pêl-droed yn y byd – 25,000, 250,000, neu 25,000,000?

2. O beth maen nhw'n creu'r bêl – lledr, plastig neu gardfwrdd?

3. Sawl person sy'n chwarae mewn tîm pêl-droed fel arfer? – 15, 12 neu 11?

KATE BOSSE-GRIFFITHS

(1910–1998)
Eifftolegydd

Mae pyramidiau'r Aifft yn rhai o adeiladau enwocaf y byd ac mae'r Eifftiaid yn destun edmygedd mawr, heb sôn am ysbrydoli ffilmiau Indiana Jones fel *Raiders of the Lost Ark*. Mae cannoedd o lyfrau wedi eu hysgrifennu amdanyn nhw a nifer fawr o bobl wedi eu hastudio. Un o'r rhain oedd Kate Bosse-Griffiths, a wnaeth ymchwilio i gasgliad o 5,000 o eitemau gwerthfawr o'r Aifft oedd wedi cael eu rhoi i Goleg Prifysgol Abertawe. Mae nifer ohonynt i'w gweld yng Nghanolfan Eifftaidd Abertawe.

Ganwyd Kate yn Wittenberg yn yr Almaen. Bu'n rhaid iddi adael ei gwlad pan ddaeth y Natsïaid i rym yn y 1930au oherwydd ei bod hi'n Iddew. Cymerwyd ei mam a'i dau frawd i wersylloedd ofnadwy'r Natsïaid, lle buon nhw farw. Aeth Kate ar long i Brydain a chafodd wneud gwaith ymchwil yn Llundain ac wedi hynny ym Mhrifysgol Rhydychen.

Newidiodd cwrs ei bywyd pan gwrddodd â sgolor o'r enw J. Gwyn Griffiths, a chwympodd y ddau mewn cariad a symud i Pentre yng Nghwm Rhondda. Ond carai Gymru hefyd; fel y dywedodd unwaith, "Syrthiais mewn cariad â mynyddoedd Cymru o'r edrychiad cyntaf."

Llwyddodd Kate i ddysgu Cymraeg, ac o fewn dwy flynedd roedd hi wedi meistroli'r iaith a llwyddodd i ysgrifennu nofel gyfan yn Gymraeg yn ddiweddarach. Yn ystod ei bywyd ysgrifennodd nifer o straeon byrion a cherddi yn y Gymraeg hefyd.

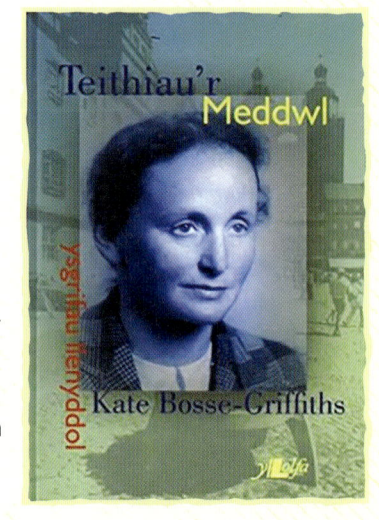

KATE BOSSE-GRIFFITHS

Oherwydd ei chariad at yr iaith labelwyd popeth yn y Ganolfan Eifftaidd yn Gymraeg ac yn Saesneg. Bu'n gofalu am y casgliad am 25 mlynedd a byddai'n mwynhau ei ddangos i griwiau o blant ysgol.

FFEITHIAU DIFYR

Mae cysylltiad rhwng Kate a'r llyfr rydych yn ei ddal yn eich dwylo. Un o'i meibion, Robat, sydd wedi sefydlu gwasg y Lolfa, ac wedi cyhoeddi *Cymry o Fri!*

Mae stryd yn yr Almaen wedi ei henwi ar ôl rhieni Kate, sef Paul a Käthe Bosse.

Kate Roberts

(1891–1985)
Awdures

Mae rhai yn disgrifio'r awdures yma fel 'Brenhines ein Llên', a does dim dwywaith fod Kate Roberts ymhlith ysgrifenwyr Cymraeg gorau'r ugeinfed ganrif ac yn haeddu gwisgo coron ar ei phen.

Cafodd ei geni yn 1891 mewn tyddyn bach, Cae'r Gors, yn Rhosgadfan, Sir Gaernarfon, lle roedd ei thad yn gweithio yn y chwarel mewn cyfnod pan oedd 17,000 o bobl yn gweithio yn y chwareli yng ngogledd Cymru.

Cyhoeddodd 16 llyfr gan gynnwys naw casgliad o straeon byrion. Mae dau o'i gweithiau wedi cael eu troi'n ffilmiau (*Tywyll Heno* ac *Y Mynydd Grug* – addasiad o *Te yn y Grug*), ac mae nifer o'r lleill wedi cael eu cyfieithu i ieithoedd eraill fel Saesneg, Ffrangeg, Hebraeg a Japaneeg.

Ysgrifennodd lyfrau i blant ac am blant hefyd, fel *Deian a Loli*, *Laura Jones* a *Te yn y Grug*. Cafodd *Te yn y Grug* ei addasu yn sioe lwyfan ar gyfer Eisteddfod Genedlaethol Sir Conwy 2019, gyda cherddoriaeth gan Al Lewis.

Y profiad o golli ei brawd yn y rhyfel a gweld ei brawd arall yn colli ei iechyd oedd wedi ei throi hi'n awdur. Mae ei nofel *Traed Mewn Cyffion* yn adrodd hanes teulu bach yn ardal y chwareli yn ystod y Rhyfel Byd Cyntaf, sy'n debyg iawn i'w phrofiadau hi ei hun.

Ar ôl astudio yn y Brifysgol ym Mangor bu Kate yn athrawes Gymraeg, ac ar ôl priodi'r argraffydd Morris T. Williams prynodd y ddau wasg argraffu, Gwasg Gee, yn Ninbych oedd yn cyhoeddi papur *Y Faner*. Bu Kate yn cyfrannu yn gyson i hwnnw ar bob math o bynciau – o wleidyddiaeth i waith tŷ. Wedi marwolaeth ei gŵr bu Kate yn rhedeg y papur ar ei phen ei hun am ddeng mlynedd.

Roedd Kate Roberts yn feistres ar ysgrifennu erthyglau i'r papur newydd a nofelau, ond y stori fer oedd ei phrif ddiléit, ac mae'n ysgrifennu deialog sy'n swnio fel sgwrs cymeriadau go iawn yn yr ardal lle cafodd hi ei magu.

KATE ROBERTS

Dyma ran o'r gerdd 'Fy Iaith, Fy Ngwlad, Fy Nghenedl' gan Kate Roberts ar gyfer Cinio Gŵyl Dewi yn 1922:

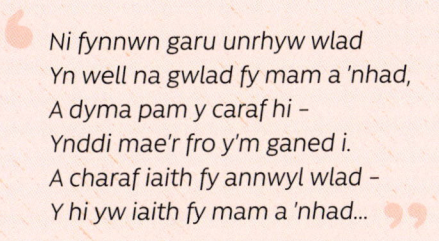

> Ni fynnwn garu unrhyw wlad
> Yn well na gwlad fy mam a 'nhad,
> A dyma pam y caraf hi –
> Ynddi mae'r fro y'm ganed i.
> A charaf iaith fy annwyl wlad –
> Y hi yw iaith fy mam a 'nhad...

KYFFIN WILLIAMS

(1918-2006)
Arlunydd

Mae rhai arlunwyr yn mwynhau gweithio mewn stiwdio, yn peintio pan mae'r golau'n dda. Roedd Kyffin Williams ar y llaw arall yn hoff o weithio allan yn y maes, yn dringo mynyddoedd ac yn cerdded drwy gefn gwlad gyda'i lyfr nodiadau yn ei bac, neu ambell waith gyda brwshys a phaent a'r cwbl lot. Yn aml byddai'n peintio gyda chyllell gan roi trwch mawr o baent ar gynfas wrth greu delweddau o fugeiliaid a defaid, ffermwyr a'u cŵn, tirluniau mynyddig, yn enwedig Eryri, a phentrefi bychain ar Ynys Môn. Roedd e hefyd yn hoff o beintio'r môr mewn delweddau dramatig ac roedd ei gartref ar ymyl y Fenai ger Llanfair Pwllgwyngyll ar Ynys Môn. Petai'n anghofio'i frwsh allan yn y maes, gallai ddefnyddio ei fwstásh mawr blewog yn lle hynny! Roedd dylanwad yr artist Van Gogh yn amlwg iawn yn ei waith, yn enwedig yn ei luniau olew, er ei fod hefyd yn defnyddio pastel a dyfrlliw.

Ganwyd Kyffin Williams yn Llangefni. Fe oedd yr artist mwyaf amlwg ac enwog yng Nghymru yn yr ugeinfed ganrif. Mae ei waith i'w weld mewn cartrefi yn ogystal ag mewn amgueddfeydd, ac mae'r Llyfrgell Genedlaethol yn Aberystwyth wedi prynu nifer o'i baentiadau. Roedd yn ddyn poblogaidd ac oherwydd hyn byddai nifer yn defnyddio dim ond yr enw Kyffin wrth sôn amdano.

Astudiodd Gelf yn Ysgol Gelf Slade rhwng 1941 ac 1944 wedi iddo orfod gadael y fyddin oherwydd salwch. Yn wir, y doctor yno awgrymodd ei fod yn dechrau peintio er lles ei iechyd. Cafodd ei arddangosfa unigol gyntaf mewn oriel yn Llundain yn 1949. Bu'n peintio am bron 60 mlynedd, 30 o'r rheini pan oedd yn athro celf yn Ysgol Highgate yn Llundain.

FFEITHIAU I YSBRYDOLI

Symudodd yn ôl i Gymru i fyw yn 1974.

Yn 1968 teithiodd i'r Wladfa ym Mhatagonia i beintio a thynnu lluniau.

KYFFIN WILLIAMS

Agorwyd Oriel Kyffin Williams yn Llangefni ar Ynys Môn yn 2008.

Yn ddiweddar, gwerthwyd llun gan Kyffin am £62,000 mewn arwerthiant yng Nghaerdydd!

Laura Ashley

(1925–1985)
Cynllunydd

Ar un adeg roedd siopau Laura Ashley yn amlwg iawn ar y stryd fawr drwy Brydain gyfan. Yn ffenest pob un byddai arwydd syml: 'Laura Ashley: London, Paris, Llanidloes' – dim ond tri allan o 500 o leoliadau ar draws y byd.

Cafodd Laura Ashley ei geni a'i magu yn Nowlais ger Merthyr Tudful. Pan oedd hi'n fenyw ifanc byddai'n mwynhau ymweld ag amgueddfeydd i edrych ar liwiau a phatrymau dillad o Oes Fictoria, ac un diwrnod penderfynodd greu ei fersiynau ei hun. Gyda help ei gŵr Bernard dechreuodd greu eitemau fel llieiniau sychu llestri a sgarffiau ar y bwrdd gegin yn eu fflat yn Llundain. Yna byddai'n eu gwerthu'n lleol, gan weld bod galw amdanyn nhw. Cyn hir roedd wedi dechrau cynllunio ffrogiau hyfryd a phenderfynodd y ddau symud er mwyn agor eu siop gyntaf ym Machynlleth. Tra bod y teulu'n byw yn y fflat lan lofft dechreuodd y ddau gynllunio a gwerthu nwyddau newydd – pethau ar gyfer y tŷ, fel paent, papur wal a llenni.

Sefydlodd Laura ffatri yn yr hen orsaf reilffordd ym mhentref Carno yng nghanolbarth Cymru a thyfodd nifer y siopau ym Mhrydain. Agorwyd un yn Llundain yn 1968. I ddechrau roedd cwsmeriaid yn brin, nes eu bod nhw'n rhoi 100 o bosteri hysbysebu ar y Tube oedd yn cynnwys llun o'u merch fach Emma.

Daeth hynny â nifer o bobl newydd i'r siop, a chyn hir agorwyd yr un gyntaf yn y Swistir, a rhai eraill mewn llefydd fel Tokyo ar ôl hynny.

LAURA ASHLEY

FFEITHIAU I YSBRYDOLI

Logo'r cwmni yw cwlwm bach o fwyar duon.

Roedd un o'i siopau wedi gwerthu 4,000 o ffrogiau mewn wythnos.

Yn 2014 agorodd y cwmni westy yn Ardal y Llynnoedd yng ngogledd Lloegr, wedi ei addurno â defnyddiau Laura Ashley wrth gwrs.

Caeodd siopau Laura Ashley yn haf 2020, gan werthu nwyddau ar-lein yn unig o hynny ymlaen.

LAUREN PRICE

(1994)
Campwraig

Pan oedd Lauren Price yn 8 mlwydd oed gofynnwyd iddi ysgrifennu'r hyn roedd hi'n dymuno'i wneud yn y dyfodol, a'r atebion oedd bod yn bencampwr byd mewn cic-bocsio, chwarae pêl-droed dros Gymru a chystadlu yn y Gemau Olympaidd.

Erbyn iddi gyrraedd 27 mlwydd oed roedd hi wedi gwireddu pob un o'r breuddwydion yma.

Cafodd Lauren ei magu gan ei mam-gu Linda a'i thad-cu Derek yn Ystrad Mynach, ger Caerffili. Pan oedd hi'n 7 oed aeth i glwb athletau lleol ond roedd hi'n rhy ifanc i ymuno, felly ymunodd â chlwb pêl-droed Fleur de Lys, a hi oedd yr unig ferch.

Dechreuodd gic-bocsio hefyd gan ymarfer hyd at ddeg awr yr wythnos, ac erbyn iddi droi'n 13 roedd yn bocsio yn erbyn oedolion ac yn eu curo! Dechreuodd ennill medalau aur yn y gamp, a pharhau i chwarae pêl-droed hefyd, ac fe'i dewiswyd i gynrychioli Cymru yn y tîm dan 16, ac wedi hynny dan 17 a dan 19, gan ennill 52 cap dros ei gwlad.

Pan ddechreuodd focsio roedd ei dawn yn amlwg yn gynnar, ac roedd hi'n ddigon da i gystadlu ym Mhencampwriaeth Ieuenctid y Byd pan oedd hi'n 17 mlwydd oed.

Yn 2014 cafodd gyfle i focsio dros Gymru yng Ngemau'r Gymanwlad. Dyma pryd y penderfynodd ganolbwyntio ar focsio ond bu'n rhaid iddi gael swydd yn gyrru tacsi er mwyn gallu fforddio i wneud hyn. Yn 2018 enillodd fedal aur yng Ngemau'r Gymanwlad a'r aur yn y Gemau Ewropeaidd yn 2019, ac roedd hi'n benderfynol o wneud yr un peth yn y Gemau Olympaidd.

LAUREN PRICE

Ond gohiriwyd y Gemau yn Japan oherwydd Covid a bu'n anodd i Lauren gynnal safon uchel ei ffitrwydd. Pan aildrefnwyd y Gemau ar gyfer 2021 llwyddodd i guro Myagmarjargal Munkhbat o Fongolia, cyn trechu Atheyna Bylon o Banama i gyrraedd y rownd gynderfynol yn erbyn Nouchka Fontijn o'r Iseldiroedd.

Pencampwraig 2018, Li Qian o Tsieina, oedd yn ei hwynebu yn y ffeinal ac fe gurodd Lauren hi ym mhob rownd.

Mae blwch ffôn wedi ei beintio'n aur yn Ystrad Mynach i ddathlu ennill y fedal aur yn Japan.

LOWRI MORGAN

(1975)
Rhedwraig, anturiaethwraig a chyflwynydd teledu

Mae rhedeg marathon yn gamp a hanner, oherwydd mae'n ras 26 milltir o hyd, sy'n waith caled ofnadwy. Ond mae Lowri Morgan wedi mynd sawl cam ymhellach gan ei bod hi'n rhedeg marathonau wltra. Gall y rasys eithafol yma fod yn 50 cilometr (30.1 milltir), 100 cilometr (62 milltir) neu hyd yn oed 160 cilometr (100 milltir) o hyd.

Mae Lowri hefyd wedi rhedeg rasys mewn tywydd eithafol – mewn llefydd oer, fel yr Arctig, lle rhedodd 350 milltir, a hefyd mewn llefydd eithriadol o boeth a llaith, fel yr Amason. Roedd hi'n un o chwe pherson yn unig wnaeth orffen ras yr Amason ym Mrasil, ac oherwydd ei bod hi wedi niweidio ei thraed bu'n rhaid iddi orffen y ras ar ffyn baglau. Hi oedd un o'r ychydig rai i fynd dros y llinell derfyn oherwydd roedd y rhan fwyaf o'r rhedwyr eraill wedi tynnu mas cyn y diwedd. Pan ydych chi'n ystyried bod y ras yn yr Amason yn 140 milltir o hyd, drwy jyngl, a'r tymheredd yn cyrraedd 40°C, mae'n hawdd deall pam. Ond roedd Lowri yn benderfynol o orffen y ras. Mae ei mam yn dweud ei bod hi'n benderfynol ers pan oedd yn fabi!

Daw Lowri'n wreiddiol o Dregŵyr ger Abertawe. Aeth i Ysgol Gyfun Gŵyr ac ymuno â chlwb rhedeg y Swansea Harriers lle bu'n canolbwyntio ar rasio dros 1500 metr. Byddai'n rhedeg o gwmpas Tregŵyr gyda'i thad, oedd hefyd yn hoffi rhedeg.

Astudiodd Lowri Gerddoriaeth ym Mhrifysgol Caerdydd, ac roedd hi'n chwarae ar yr asgell i dîm rygbi'r brifysgol, gan chwarae am y tro cyntaf oherwydd bod un o'r tîm wedi ei anafu. Aeth ymlaen i chwarae dros Gymru ond yn anffodus, cafodd anaf mewn un gêm a bu'n rhaid iddi fod mewn cadair olwyn am dros flwyddyn.

FFEITHIAU I YSBRYDOLI

Roedd Lowri yn aelod o Gôr Ieuenctid a Cherddorfa Ieuenctid Genedlaethol Cymru.

Mae Lowri wedi cystadlu mewn deg marathon a dwy gystadleuaeth Ironman.

Cwblhaodd ei marathon gyntaf yn 1995 pan oedd hi'n 20 mlwydd oed.

Mae wedi cyflwyno nifer o raglenni teledu gan gynnwys *Uned 5* a *Scrum V*.

Mae hi'n un o 80 o bobl yn unig sydd wedi deifio i weld llongddrylliad y *Titanic* ar waelod y môr.

LYNN DAVIES

(1942)
Mabolgampwr

Efallai eich bod yn mwynhau neidio, ond prin eich bod yn medru neidio mor gyflym ac mor bell â Lynn Davies.

Enillodd Lynn y fedal aur am y naid hir yn y Gemau Olympaidd yn Tokyo yn 1964. Yn y naid hir rydych chi'n rhedeg yn gyntaf, cyn taflu'ch hunan i'r awyr a glanio mewn gwely o dywod, ac mae eich traed yn gwneud marc yn y tywod i ddangos pa mor bell rydych chi wedi neidio. Yn yr achos yma roedd Lynn Davies, neu Lynn the Leap, wedi neidio 8.23 metr. Doedd neb wedi disgwyl iddo ennill medal yn Japan heb sôn am gipio'r fedal aur oherwydd, ar y pryd, Lynn oedd y pumed neidiwr gorau yn y byd. Roedd hi'n bwrw glaw yn drwm y diwrnod hwnnw ond eto, llwyddodd Lynn i neidio'n well na Ralph Boston o'r Unol Daleithiau, y pencampwr ar y pryd, ac Igor Ter-Ovanesyan o Rwsia a ddaeth yn drydydd. Aeth Cymru'n wyllt o glywed y newyddion, a phan ddaeth Lynn yn ôl i Gaerdydd roedd pob trên a bws ar stop a thorf enfawr yno i'w groesawu wrth yr orsaf drenau.

Eto, aeth ymlaen o hynny i neidio'n well ac yn bellach fyth. Yn wir, yn ystod ei yrfa llwyddodd i neidio dros 8 metr o bellter 21 o weithiau.

Ganwyd Lynn Davies yn Nant-y-moel a phan oedd yn Ysgol Ramadeg Ogwr roedd yn chwarae rygbi ar yr asgell, a chafodd dreial i chwarae pêl-droed i glwb Caerdydd.

LYNN DAVIES

FFEITHIAU I YSBRYDOLI

Lynn Davies oedd yr athletwr cyntaf i fod yn bencampwr Olympaidd ac yn bencampwr Ewrop a'r Gymanwlad ar yr un pryd.

Fe wnaeth gynrychioli Prydain 43 o weithiau, gan ennill 23 o weithiau yn y rasys 100 metr, y naid hir a'r rasys cyfnewid.

Llwyddodd i sefydlu 17 record o fewn Prydain a'r Gymanwlad.

> Gan daflu ei hun
> Yn uchel i'r aer
> Mae'n glanio yn bell
> A chael MEDAL AUR!

MAIR RUSSELL-JONES

(1917–2013)
Craciwr cod

A B C Ch D Dd E F Ff G Ng H I J L Ll M N O P Ph R Rh S T Th U W Y

Yn ystod yr Ail Ryfel Byd roedd gwledydd eisiau anfon negeseuon na allai'r gelyn eu darllen, ac un ffordd o wneud hyn oedd defnyddio cod. Felly, os oedd un ochr yn llwyddo i dderbyn neges wedi ei hysgrifennu mewn cod gan y gelyn roedd angen ei ddatrys er mwyn deall y geiriau. Un o ganolfannau Prydain ar gyfer y math yma o waith oedd Bletchley Park, lle defnyddiwyd peiriant arbennig o'r enw Enigma (sy'n golygu dirgelwch) i ddatrys codau.

Un o'r bobl oedd yn gweithio yno oedd Mair Russell-Jones. Fe'i ganwyd ym Mhontycymer ger Pen-y-bont ar Ogwr. Cafodd ei dewis ar gyfer y gwaith datgodio tra oedd yn astudio Cerddoriaeth ac Almaeneg ym Mhrifysgol Caerdydd.

Er bod y gwaith wedi bod yn llwyddiannus iawn, a rhai pobl yn meddwl taw torri'r codau oedd wedi ennill y rhyfel i Brydain, siaradodd Mair ddim gair amdano tan 1998, gan ei bod wedi llofnodi'r Ddeddf Cyfrinachau Swyddogol oedd yn gwahardd pobl rhag siarad am y gwaith.

Gyda chymorth ei mab, Gethin Russell-Jones, ysgrifennodd Mair ei hunangofiant, *My Secret Life in Hut Six*, a gyhoeddwyd ar ôl ei marwolaeth.

MAIR RUSSELL-JONES

> Hwn oedd y pos mwyaf a fuodd erio'd,
> Negeseuon pwysig, i gyd mewn cod.
> Beth oedd yr ystyr, y neges ar goll
> Yng nghanol y llythrennau oll?

Allwch chi ddatrys y cod yma?

17 1 13 22   22 27 24 24 7 15 15   14 19 18 7 24

Beth am greu cod eich hunan a'i ddefnyddio i anfon neges at ffrind, ar ffôn neu ar bapur?

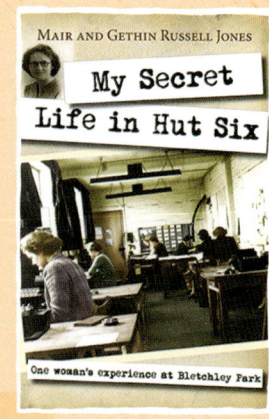

1 2 3 4 5 6 7 8 9 10 11 12 13 14 15 16 17 18 19 20 21 22 23 24 25 26 27 28

MAIR AND GETHIN RUSSELL JONES
My Secret Life in Hut Six
One woman's experience at Bletchley Park

MARY DILLWYN

(1816–1906)
Ffotograffydd

Ydych chi'n hoffi tynnu lluniau, a'u rhannu gyda ffrindiau ar Instagram neu WhatsApp? Y dyddiau yma mae'n hawdd iawn tynnu lluniau ond yn nyddiau cynnar ffotograffiaeth roedd angen offer drud a thrwm a thipyn o amynedd, oherwydd doedd y llun ddim yn datblygu'n syth.

Un o arloeswyr ffotograffiaeth oedd Mary Dillwyn o Abertawe, ac mae'n debyg taw hi oedd y ffotograffwraig gyntaf yng Nghymru ac un o'r menywod cyntaf yn y byd i greu ffotograff.

Ganwyd Mary yn 1816, yn un o chwech o blant. Roedd ei thad, Lewis Weston Dillwyn, yn berchen ar grochendy Swansea Pottery yn Abertawe ac yn ymddiddori mewn planhigion a chregyn môr. Roedd y teulu yn perthyn i William Henry Fox Talbot – y dyn mae Port Talbot wedi cael ei enwi ar ei ôl.

Roedd gan Mary ddiddordeb mawr yn y maes newydd yma. Arbrofodd gyda thechneg o'r enw *calotype* lle roedd papur yn cael ei orchuddio â chemegyn o'r enw *sodium chloride*, oedd yn mynd yn fwy tywyll gan ddibynnu ar ba mor hir roedd yn ei gael i ymateb i olau.

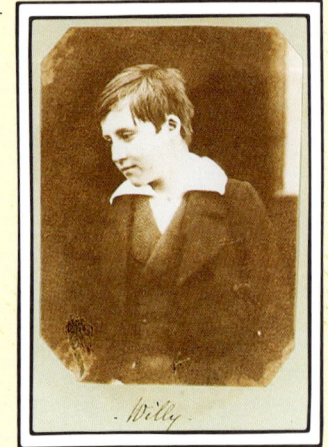

Defnyddiodd Mary gamera bach i greu portreadau o'i theulu ac oherwydd ei faint roedd yn gallu tynnu lluniau o'r bywyd o'i chwmpas, yn hytrach na gorfod gofyn i bobl aros yn llonydd am amser hir, gan edrych yn stiff ac annaturiol. Dyma'r *snapshots* cyntaf yn y byd. Yn lluniau Mary mae'r bobl yn gwenu, fel y llun yma o Willy, ei nai. Mae'n wahanol iawn i ddelweddau eraill Oes Fictoria lle roedd pobl yn eistedd am oriau, ac oherwydd cyflwr gwael eu dannedd roedden nhw'n gwenu llai.

Byddai Mary yn tynnu lluniau tu allan ac roedd teganau a chŵn o gwmpas, a fyddai'n help i wneud i bobl deimlo'n gartrefol. Ymhlith ei lluniau mae'r llun cyntaf o goelcerth Guto Ffowc a hefyd y llun cyntaf o ddyn eira.

Byddai'n troi ei chamera ar bethau yn ei chartref ym Mhenlle'r-gaer hefyd, gan gynnwys ieir, doliau plant a blodau. Byddai'r lluniau'n fach, yn mesur 8 i 10 cm, a byddai'r rhain yn cael eu torri â siswrn i siâp hirgrwn a'u gosod mewn albwm bychan, ag un ddelwedd i bob tudalen.

85

MICHAEL D. JONES

(1822–1898)
Sefydlydd y Wladfa

Disgrifiwyd Michael D. Jones gan y bardd Gwenallt fel Cymro pwysicaf y 19eg ganrif. Ganwyd ef yn Llanuwchllyn ger y Bala. Gadawodd yr ysgol yn 15 mlwydd oed ac aeth i weithio mewn siop ddillad yn Wrecsam.

Ar ymweliad â'r Unol Daleithiau i fod yn weinidog yn y capel Cymraeg yn Cincinnati, gwelodd Michael D. Jones sut roedd y Cymry oedd wedi symud yno i chwilio am waith wedi colli eu hiaith a'r hen ffordd Gymreig o fyw. Penderfynodd gefnogi'r syniad o greu Cymru fach mewn gwlad dramor, sef ym Mhatagonia, yn yr Ariannin, De America. Ei obaith oedd y byddai 30,000 o bobl yn fodlon teithio i ben draw'r byd gan adael tlodi Cymru ar ôl. Fe, felly, yw un o'r bobl bwysicaf yn hanes y Wladfa, lle maen nhw'n dal i siarad Cymraeg hyd heddiw. Cysylltodd â llywodraeth yr Ariannin i drafod y mater a chael caniatâd. Roedd e hefyd wedi trefnu i gyhoeddi llyfr, *Llawlyfr y Wladychfa Gymreig*, oedd yn esbonio pam fod symud yno yn syniad da – llyfr oedd fel ffenest siop ar gyfer dyfodol newydd.

Cyn penderfynu ar yr Ariannin roedd pobl wedi ystyried sefydlu Gwladfa Gymreig ym Mhalesteina, Seland Newydd ac Awstralia. Roedd ymgais hefyd i greu gwladfa ym Mrasil, ond methodd honno yn fuan iawn.

MWY O FFEITHIAU

Sefydlwyd y Wladfa yn 1865 ac mae Archentwyr o dras Cymreig hyd heddiw yn byw yn ardal afon Chubut ac ar lethrau mynyddoedd yr Andes, filltiroedd lawer ar draws y paith.

Teithiodd y rhan fwyaf o'r sefydlwyr cyntaf i Dde America ar long y *Mimosa*, pan hwyliodd tua 150 o deithwyr o Lerpwl ar draws Môr Iwerydd.

Sbaeneg yw iaith gyntaf trigolion y Wladfa, a'r Gymraeg yw ail iaith nifer ohonyn nhw, er taw dim ond rhai cannoedd o deuluoedd y trigolion cyntaf sy'n byw yno heddiw.

Roedd Michael D. Jones yn casáu tlodi oherwydd bod ei fam wedi cael ei thaflu allan o'i chartref am fethu talu rhent pan oedd hi'n 75 mlwydd oed.

MICHAEL SHEEN

(1969)
Actor ac ymgyrchydd

Ganwyd Michael Sheen yng Nghasnewydd i deulu oedd yn mwynhau perfformio. Roedd ei dad, Meyrick, yn gweithio yn y gwaith dur ond hefyd byddai'n cael ei dalu o dro i dro am wisgo fel yr actor enwog Jack Nicholson.

Symudodd y teulu i Bort Talbot sy'n lle da i fod yn actor, gan fod Anthony Hopkins a Richard Burton yn dod o'r un ardal. Efallai fod rhywbeth yn y dŵr!

Roedd yn dda am chwarae pêl-droed pan oedd yn blentyn a chafodd gyfle i ymuno â charfan hyfforddi tîm Arsenal yn 12 mlwydd oed. Mae wedi noddi tîm pêl-droed i fenywod ger ei gartref ym Maglan ger Port Talbot lle mae'n byw gyda'i wraig Anna, a'i ferch Lyra.

Yn ei arddegau ymunodd Michael â Chwmni Theatr Ieuenctid Gorllewin Morgannwg a Chwmni Theatr Ieuenctid Cenedlaethol Cymru, ac ar ôl astudio Saesneg, Drama a Chymdeithaseg yng Ngholeg Castell-nedd a Phort Talbot treuliodd flwyddyn yn gweithio yn Burgermaster er mwyn cynilo digon o arian i fynd i astudio Drama.

Cafodd dipyn o sylw yn chwarae'r cyn-Brif Weinidog Tony Blair mewn trioleg o ffilmiau, a thros y blynyddoedd mae e wedi actio sawl person go iawn, fel y cyflwynydd teledu David Frost, y rheolwr pêl-droed Brian Clough, a Chris Tarrant yn *Quiz*. Un o lwyddiannau mawr Michael fel cyfarwyddwr oedd *The Passion*, cynhyrchiad yn seiliedig ar fywyd Iesu Grist a ddigwyddodd ar strydoedd Port Talbot dros gyfnod o dri diwrnod.

Trefnodd Michael fod Cwpan Pêl-droed y Byd i'r Digartref yn dod i Gymru yn 2019. Daeth timau o bob rhan o'r byd i gystadlu. Mae'n rhoi tipyn o'i arian i gefnogi elusennau, yn enwedig ym myd y celfyddydau, a phêl-droed.

Yn ystod y cyfnod clo yn 2020 fe wnaeth Michael a'i ffrind David Tennant gyfres deledu am, wel... am fywydau Michael a David yn y cyfnod clo!

Pan ddechreuodd theatrau agor eto yn 2021, un o'r sioeau cyntaf oedd *Under Milk Wood* yn y National Theatre yn Llundain. Mewn un perfformiad stopiodd Michael ar ganol y sioe i ofyn i bobl ddiffodd eu ffonau symudol.

NICOLE COOKE

(1983)
Seiclwraig

Pan oedd Nicole Cooke o Ben-y-bont ar Ogwr yn 10 mlwydd oed, gwelodd ddyn o'r enw Robert Millar yn brwydro ar y mynyddoedd yn ras seiclo enwog y Tour de France. Mae'n ras hir iawn – 3,500 cilometr neu 2,200 o filltiroedd – a'r cwrs yn fynyddig, gyda lot fawr o ddringo. Wrth wylio'r ras ar y teledu penderfynodd Nicole beth roedd hi eisiau ei wneud gyda'i bywyd: seiclo'n gyflym.

Ymunodd â chlwb seiclo Ajax yng Nghaerdydd pan oedd hi'n 11 oed ac erbyn iddi droi'n 16 llwyddodd i ennill Ras Ffordd Prydain. Cyn hir roedd hi'n ennill cystadlaethau ym Mhortiwgal, yr Unol Daleithiau a Ffrainc. Byddai'n curo oedolion profiadol mewn rasys ond eto, ni ddewiswyd hi ar gyfer y Gemau Olympaidd yn Sydney oherwydd ei bod hi'n ferch ysgol. Ond doedd Nicole ddim yn un i dderbyn rhwystrau.

Yn 2002 trodd yn broffesiynol. Seiclo oedd ei gwaith, a bu'n llwyddiannus mewn rasys yn yr Eidal, yr Iseldiroedd a Ffrainc. Yn wir, enillodd dros gant o rasys, cyn iddi ymddeol o'r gamp yn 29 mlwydd oed. Hi oedd y fenyw gyntaf i ennill Cwpan Seiclo'r Byd bedair gwaith yn olynol ac un o'r ychydig bobl i ennill y Tour de France a'r Giro d'Italia yn yr Eidal.

Yng Ngemau Olympaidd 2008 yn Beijing, Tsieina, enillodd fedal aur – y fenyw gyntaf o Brydain i ennill unrhyw gystadleuaeth seiclo yn y Gemau. Ym mis Mehefin 2009, enillodd Bencampwriaeth Genedlaethol Ras Ffordd Prydain am y degfed tro.

Ond chafodd hi erioed yr un gefnogaeth â dynion yn y byd seiclo. Yng Ngemau'r Gymanwlad yn 2006, er enghraifft, bu'n rhaid iddi amddiffyn ei theitl ar ei phen ei hun yn erbyn timau o wledydd fel Lloegr, Seland Newydd, Awstralia a Chanada, er bod tîm o chwe dyn o Gymru wedi mynd yno i gystadlu yn rasys y dynion. Bu'n brwydro'n gyson i sicrhau cydraddoldeb i fenywod, y math o degwch na chafodd hi ei hunan.

Road Cycling Women
UCI WORLD CUP
Geelong Australia
3 March 2007
1st Place
Cycling
UCI
World Cup
Coupe du Monde
SMS

NIGEL OWENS

(1971)
Dyfarnwr rygbi

Mae'n fwy na phosib taw Nigel Owens yw'r dyfarnwr rygbi gorau yn y byd, ac yn sicr fe yw'r un mwyaf enwog.

Cafodd ei fagu ar stad o dai cyngor ym mhentref Mynyddcerrig yn Sir Gaerfyrddin. Un rheswm pam ei fod wedi dechrau dyfarnu rygbi oedd ei fod yn wael am chwarae'r gêm.

Dechreuodd ddyfarnu pan oedd yn 16 mlwydd oed mewn gêm dan 15 rhwng Sir Gaerfyrddin a Sir Benfro. Bu'n ddyfarnwr am dros 17 mlynedd gan ymweld â phob rhan o'r byd – o'r Ariannin i Dde Affrica, o Japan i Ynysoedd y Caribî – a fe yw'r dyfarnwr proffesiynol mwyaf profiadol, gyda'r nifer fwyaf o gapiau (mae ganddo 100 – rydych yn cael cap am ddyfarnu pob gêm ryngwladol). Uchafbwynt ei yrfa oedd gêm derfynol Cwpan Rygbi'r Byd 2015 rhwng Awstralia a Seland Newydd. Am gêm fawr!

Dechreuodd fynd ar lwyfan i ddiddanu pobl pan fethodd perfformiwr gyrraedd Clwb y Gweithwyr, Mynyddcerrig, felly aeth Nigel yn ei le, ac yntau'n 14 mlwydd oed. Ers hynny mae e wedi bod mewn nifer o sioeau teledu, gan gynnwys *Noson Lawen* a rhaglen *Jonathan* ar S4C. Mae e hefyd yn sylwebu ar y teledu mewn gemau rygbi.

Ac yntau bellach wedi ymddeol o ddyfarnu gemau rhyngwladol mae'n ffermio ger ei gartref, gan gadw gwartheg Hereford. Mae'n aelod o Orsedd y Beirdd, ac wedi ei urddo i'r wisg wen. Mae'n cefnogi Clwb Pêl-droed Wrecsam. Dyw e ddim yn cael cefnogi unrhyw dîm rygbi yn gyhoeddus, wrth gwrs!

Mae Nigel wedi dewis y 15 chwaraewr rygbi gorau yn y byd. Ydych chi'n cytuno? Neu beth am lunio'ch tîm rygbi neu bêl-droed gorau eich hunan?

15	Israel Folau (Awstralia)
14	Stuart Hogg (Yr Alban)
13	Brian O'Driscoll (Iwerddon)
12	Ma'a Nonu (Seland Newydd)
11	Shane Williams (Cymru)
10	Dan Carter (Seland Newydd)
9	Agustin Pichot (Yr Ariannin)
1	Gethin Jenkins (Cymru)
2	John Smit (De Affrica)
3	Phil Vickery (Lloegr)
4	Alun Wyn Jones (Cymru)
5	Paul O'Connell (Iwerddon)
6	Thierry Dusautoir (Ffrainc)
7	Richie McCaw (Seland Newydd)
8	Sergio Parisse (Yr Eidal)

OWAIN GLYNDŴR

(tua 1359–1415)
Milwr

Ai Owain Glyndŵr yw arwr mwyaf enwog Cymru? Mae Owain ap Gruffydd Fychan, i roi ei enw llawn, wedi datblygu yn nychymyg y Cymry, a nifer o straeon a chwedlau wedi tyfu o gwmpas ei enw.

Roedd teulu Owain Glyndŵr yn perthyn i hen dywysogion Powys Fadog ac yn berchen ar dir ger Corwen yng ngogledd Cymru. Daeth i fod yn berchen ar fwy o dir drwy ei fam, Elen.

Roedd Owain yn ddyn clyfar. Aeth i Lundain i astudio'r gyfraith cyn troi i fod yn filwr, gan fynd mor bell â'r Alban i ymladd, ond bu hefyd mewn brwydrau ar y môr. Byddai'r profiadau yma'n help mawr iddo maes o law. Cafodd ffrae gyda dyn lleol, Reginald Grey, a wnaeth arwain at sefyllfa lle roedd Owain yn brwydro yn erbyn y Saeson.

Yn y dyddiau hynny byddai pobl gyfoethog yn priodi pobl gyfoethog eraill a phriododd Owain â Margaret, merch Syr Dafydd Hanmer. Llwyddodd i greu cartref ysblennydd a chyffordduss yn Sycharth, ger Llansilin, Powys, lle cadwai gwningod a cholomennod a cheirw. Roedd beirdd yn adrodd cerddi iddo wrth y tân, ond er bod bywyd yn braf yno roedd cysgod yn symud ar draws y tir, sef y Pla Du, oedd yn lladd miloedd ar filoedd o bobl.

Wrth dyfu i fyny roedd Owain wedi darllen am ddyn fyddai'n dod i achub Cymru, a chafodd y syniad yn ei ben taw fe oedd y dyn hwnnw. Ac ar 16 Medi 1400, daeth criw o gefnogwyr at ei gilydd i ddatgan taw Owain oedd Tywysog Cymru.

Dechreuodd pobl frwydro yn ei enw, gan ddechrau yn Rhuthun, ond cyn hir roedd dynion Owain yn ymosod ar drefi ar draws gogledd Cymru

OWAIN GLYNDŴR

a thros y ffin. Cipion nhw gestyll fel Aberystwyth, Harlech a Chonwy, ac yn 1404 sefydlodd Senedd ym Machynlleth.

Ond yn y pen draw daeth y gwrthryfel i ben a diflannodd Owain. Hyd y dydd heddiw does neb yn gwybod i ble aeth e. Beth am i chi fod yn dditectif a cheisio dyfalu?

PAOLO RADMILOVIC

(1886–1968)
Dyn y dŵr

Dyn y dŵr oedd Paolo Radmilovic. Roedd yn nofiwr cyflym – yn ddigon cyflym i ennill pedair medal aur Olympaidd i gyd, yn 1908, 1912 ac 1920 – tair mewn polo dŵr ac un am nofio. Cystadlodd mewn chwech o Gemau Olympaidd, sy'n record ynddi hi ei hun.

Ganwyd Paolo ym Mae Teigr, Dociau Caerdydd. Roedd ei fam yn dod o'r ddinas er bod ei theulu'n wreiddiol o Iwerddon, a'i dad yn dod o Groatia, ac roedd y teulu'n rhedeg tafarn yn Stryd Bute.

Enillodd ei ras amatur gyntaf ar afon Tafwys (Thames) pan fu'n rhaid iddo nofio 5 milltir, ond roedd yn medru nofio'n gyflym dros rasys llai hefyd, a dwy flynedd wedi hynny enillodd ras dros 100 metr.

Erbyn ei fod yn 15 oed roedd Paolo, neu Raddy fel roedd rhai yn ei alw, yn cynrychioli Cymru mewn polo dŵr – gêm i ddau dîm o saith, sydd yn debyg i bêl-droed ond bod y chwaraewyr yn taflu'r bêl i'r rhwyd, nid ei chicio, ac yn chwarae yn y dŵr, wrth gwrs. Paolo oedd y chwaraewr ifancaf yn y gamp i gystadlu yng Ngemau Olympaidd Llundain, 1908, ac ar ei ymddangosiad cyntaf sgoriodd ddwy gôl wrth i Brydain guro Gwlad Belg o 9 i 2. Ddau ddiwrnod wedyn cafodd gais brys i gymryd rhan mewn ras gyfnewid i dîm nofio oherwydd bod aelod o'r tîm wedi mynd yn sâl. Ac enillodd y tîm hwnnw hefyd!

Pan ddechreuodd Paolo gystadlu mewn rasys nofio, prin ei fod yn disgwyl y byddai'n rasio am y tri deg mlynedd nesaf. Byddai'n ymarfer yn galed a pharatoi'n drylwyr cyn cystadlu, fel bod ganddo syniad beth fyddai'r canlyniad hyd yn oed cyn i'r ras ddechrau.

Nid yn unig cafodd Paolo yrfa hir ond roedd yn dal i nofio pan oedd yn hen, gan wneud o leiaf 400 metr y dydd pan oedd yn 78 mlwydd oed.

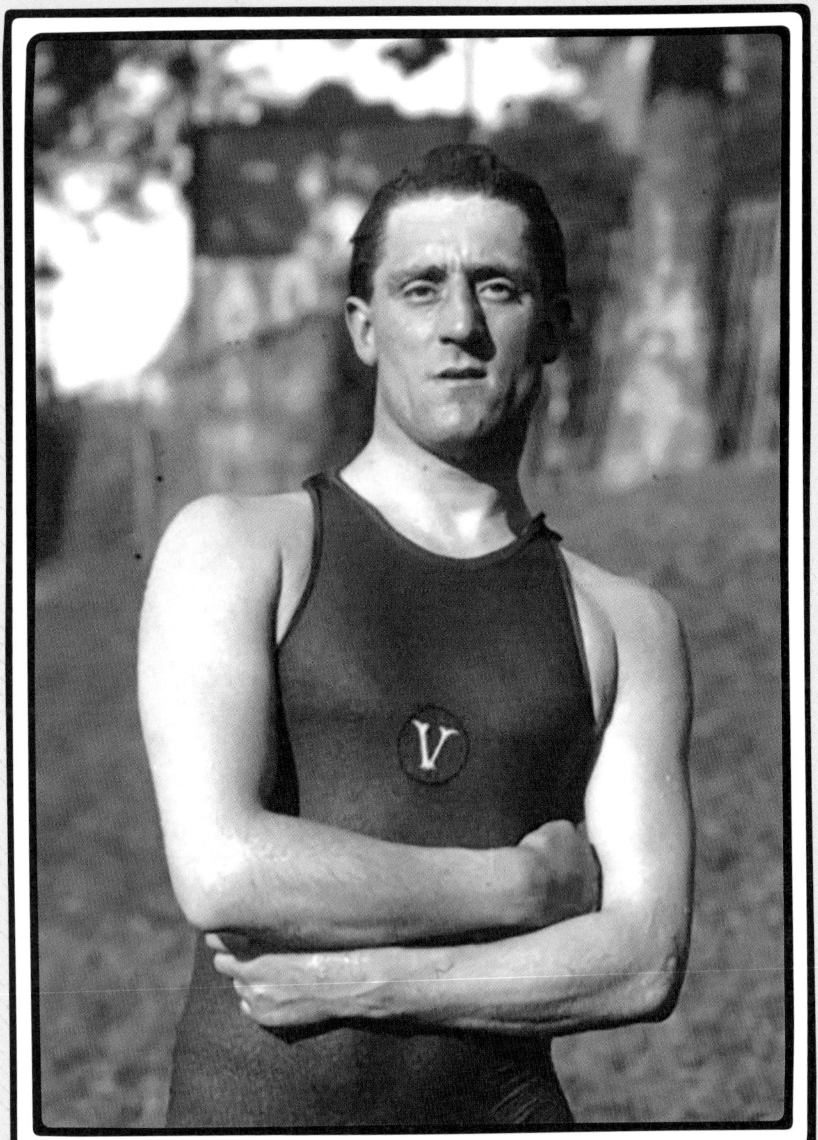

RICHARD BURTON

(1925–1984)
Actor

Yn y 1960au roedd Richard Burton yn cael ei gydnabod fel un o actorion gorau'r byd, yn seren ar lwyfan ac ar y sgrin fawr. Roedd ganddo lais dwfn, cryf, oedd yn medru llenwi theatrau.

Ganwyd Richard Walter Jenkins ym mhentref Pontrhydyfen yng Nghwm Afan ger Port Talbot. Roedd yn un o 13 o blant, a'i dad yn löwr oedd yn siarad Cymraeg. Newidiodd Richard Jenkins ei enw i Richard Burton er parch i'w athro yn yr ysgol, Philip Burton, oedd wedi ei ysbrydoli a hybu ei dalent.

Camodd ar y llwyfan proffesiynol am y tro cyntaf pan oedd yn 18 oed mewn drama gan Emlyn Williams ac aeth i astudio Saesneg yn Rhydychen, lle dechreuodd ei ddiddordeb mawr mewn llenyddiaeth.

Ar ddiwedd y 1940au ac yn ystod y 1950au bu'n actio yn Llundain, Efrog Newydd a Stratford-upon-Avon, man geni William Shakespeare. Richard oedd y llais oedd yn adrodd stori *Dan y Wenallt/Under Milk Wood* gan Dylan Thomas yn y fersiwn radio o'r ddrama, sy'n un o glasuron mawr darlledu.

Enillodd Richard Burton wobr beirniaid Efrog Newydd am ei rôl yn *Camelot* – sioe gerdd am y Brenin Arthur – a chafodd ei enwebu ar gyfer saith Oscar ond methodd ag ennill un.

Un o'i ffilmiau mawr oedd *Cleopatra* gyda'i gyd-seren Elizabeth Taylor, ffilm a gostiodd ffortiwn i'w chynhyrchu. Cwympodd y ddau mewn cariad a phriododd Richard ac Elizabeth nid unwaith ond ddwywaith.

Yn aml byddai Richard yn derbyn miliwn o ddoleri neu fwy am ymddangos mewn ffilm. Ei ffilm gyntaf oedd *The Last Days of Dolwyn* lle roedd yn chwarae rhan gŵr ifanc oedd yn gweithio mewn siop oedd dros ei ben a'i glustiau mewn cariad, ac un o'r rhai olaf oedd *The Wild Geese* gyda Roger Moore a Richard Harris. Ymhlith y ffilmiau eraill roedd *Who's Afraid of Virgina Woolf*, *The Spy Who Came in from the Cold* ac *Equus*.

Mae seren i Richard Burton ar yr Hollywood Walk of Fame yn Los Angeles. Cafodd ei gladdu yn y Swistir lle roedd yn byw pan aeth yn sâl.

SHIRLEY BASSEY

(1937)
Cantores

Cafodd Shirley Bassey ei magu yn hen ardal Dociau Caerdydd oedd yn cael ei galw'n Tiger Bay bryd hynny. Yn un o saith o blant, roedd yn medru canu'n dda hyd yn oed yn yr ysgol gynradd ond chafodd hi ddim cefnogaeth yno. Gadawodd yr ysgol yn 14 oed gan fynd i weithio mewn ffatri ddur, a gyda'r hwyr byddai'n canu mewn clybiau a thafarndai lleol.

Yng nghanol y 1950au bu'n perfformio mewn sawl sioe ar daith, a chafodd wahoddiad i fod mewn sioe yn Theatr Adelphi yn y West End yn Llundain. Gwelwyd hi yno gan gynhyrchydd teledu a wnaeth gynnig gwaith iddi, a chyfle newydd arall.

Un o'i chaneuon mwyaf enwog yw 'Goldfinger', sef cân agoriadol y ffilm James Bond, a hi hefyd recordiodd y caneuon ar gyfer *Diamonds are Forever* a *Moonraker*.

Recordiodd ei record sengl gyntaf, 'Burn My Candle', yn 1956 pan oedd hi'n 19 mlwydd oed. Cafodd Shirley Bassey ei *hit* cyntaf yn 1957 gyda chân o'r enw 'Banana Boat Song'. Yn 1989 rhyddhawyd albwm cyfan o ganeuon yn Sbaeneg ganddi, *La Mujer*, a rhyddhawyd ei halbwm diwethaf yn 2020, sef *I Owe It All to You*, yn dathlu hanner canrif o ganu proffesiynol. Mae hi wedi cael albwm yn y siartiau ym mhob degawd dros gyfnod o 70 mlynedd, bron.

Yn 1999 hi agorodd Gwpan Rygbi'r byd yn Stadiwm y Mileniwm yng Nghaerdydd, gan ganu 'World in Union' gyda Syr Bryn Terfel. Ar gyfer yr achlysur gwisgodd ffrog arbennig wedi ei gwneud o faner Cymru, y Ddraig Goch. Mae hi'n enwog am wisgo gemwaith drud ac am ei ffrogiau ysblennydd gan gynllunwyr fel y Cymro Julien Macdonald. Pan werthwyd rhai o'r ffrogiau ar gyfer achosion da llwyddwyd i godi dros £250,000.

Mae Shirley Bassey wedi rhannu llwyfan gyda nifer fawr o sêr gan gynnwys Elton John, Paul McCartney, Lady Gaga a Bruce Springsteen, a chanu yn rhai o'r llefydd mwyaf enwog fel Neuadd Carnegie yn Efrog Newydd, Caesars Palace yn Las Vegas, y Palladium yn Llundain a Phalas Buckingham.

TANNI GREY-THOMPSON

(1969)
Athletwraig

Tanni Grey-Thompson yw un o athletwyr anabl gorau Prydain. Fe'i ganwyd yn 1969 yng Nghaerdydd, a'i henw cyntaf yw Carys, ond pan oedd hi'n fabi roedd ei chwaer yn meddwl ei bod hi'n fach iawn ac yn ei galw'n 'tiny'. O fewn dyddiau roedd pawb yn y teulu yn ei galw hi'n Tanni.

Cafodd ei geni gyda'r cyflwr spina bifida. Gallai gerdded nes ei bod hi'n 7 mlwydd oed ond dros gyfnod o flwyddyn cafodd ei pharlysu. Ond fel mae'n dweud, "Wnaeth bod mewn cadair olwyn ddim fy stopio i rhag gwneud unrhyw beth ro'n i eisiau ei wneud, a'r peth pwysicaf yw eich bod yn credu ynoch chi'ch hunan. Yr unig wahaniaeth yw fy mod i'n 3 troedfedd o daldra yn lle 5 troedfedd 10 modfedd a dwi'n gwneud pethau ar bedair olwyn yn hytrach nag ar ddwy goes."

Wedi trio sawl math o fabolgampau a chwaraeon penderfynodd, yn 13 oed, taw rasio mewn cadair olwyn oedd ei ffefryn. Dechreuodd ei gyrfa fel athletwraig pan oedd hi'n 15 oed gan ennill ras 100 metr yn ei chadair olwyn yn 1984.

O fewn pedair blynedd roedd yn cystadlu'n rhyngwladol ac enillodd fedal efydd yn y Gemau Paralympaidd yn Seoul, prifddinas De Corea. Tua'r un adeg roedd yn chwarae pêl-fasged yn frwd hefyd.

Roedd hi'n rasio mewn marathonau ac yn 1997 llwyddodd i gwblhau hanner marathon, sef 13 milltir The Great North Run, mewn 52.17 munud.

Yn ystod ei gyrfa enillodd Tanni 11 medal aur, 4 medal arian ac un fedal efydd yn y Gemau Paralympaidd ac 13 medal ym Mhencampwriaethau'r Byd (chwech aur, pump arian a dwy efydd). Enillodd wobr Personoliaeth y Flwyddyn BBC Cymru dair gwaith – yn 1992, 2000 a 2004 – a Gwobr Cyfraniad Oes y BBC yn 2019.

TANNI GREY-THOMPSON

Yn 2010 cafodd ei derbyn i Dŷ'r Arglwyddi a'i gwneud yn Farwnes. Mae hi'n dal yn weithgar iawn gyda nifer fawr o elusennau, yn enwedig rhai'n gysylltiedig â phlant anabl.

Dyma rai o amseroedd cyflymaf Tanni:

100m – 16.70 eiliad	2003, Y Swistir
200m – 29.77 eiliad	1996, Atlanta, America
5000m – 12.32.61 munud	1998, Y Swistir
10km – 24.03 munud	1994, California, America

Pa mor gyflym ydych chi'n medru rhedeg?

William Grove

(1811–1896)
Gwyddonydd

Mae pob un ohonon ni'n defnyddio batris – yn ein ffonau symudol, ein cyfrifiaduron, a'r peth'na sy'n newid sianel y teledu. Mae'r batri yn rhan hanfodol o'n bywydau. Ond pwy gafodd y syniad i gychwyn, a phwy ddyfeisiodd y batri? Wel, roedd dyn o Abertawe, William Grove, yn rhan bwysig iawn o'r stori.

Ganwyd William ar 11 Gorffennaf 1811 a chafodd ei addysg gynnar yn yr ysgol leol yn Abertawe, a gan diwtoriaid oedd yn dod i'r tŷ. Roedd ei dad yn gweithio ym myd y gyfraith, a phan aeth William i astudio ym Mhrifysgol Rhydychen doedd dim arwydd fod ganddo ddiddordeb mewn gwyddoniaeth. Ond roedd y maes gwyddonol yn boblogaidd iawn yng Nghymru yn y 1830au ac roedd cymdeithasau gwyddoniaeth wedi cael eu sefydlu yn ne Cymru, fel y rhai yn Aberystwyth ac Aberteifi, ac yn Abertawe. Yn fuan wedi hynny sefydlwyd cymdeithasau dros Gymru gyfan.

Priododd William ag Emma, ac yn ystod eu mis mêl yn teithio o gwmpas Ewrop cafodd William y syniad o greu cell i gynhyrchu trydan. Yn 1839 llwyddodd i greu Cell Grove, gan ddefnyddio stribedi o ddau fetel, sef sinc a phlatinwm, a rhoi'r ddau mewn dau asid gwahanol, wedi eu gwahanu gan bot serameg.

Yn 1842 llwyddodd i greu batri tanwydd, lle byddai'n cynhyrchu ynni trydanol drwy gyfuno hydrogen ac ocsigen. Dyma yw sylfaen y batris sydd mewn ceir trydan heddiw.

Yn 1840 dyfeisiodd William Grove fylb golau trydan am y tro cyntaf erioed. Wedi hynny fe wnaeth gŵr o'r enw Thomas Edison yn America wella'r syniad a chael y clod am ddyfeisio'r bylb.

WILLIAM GROVE

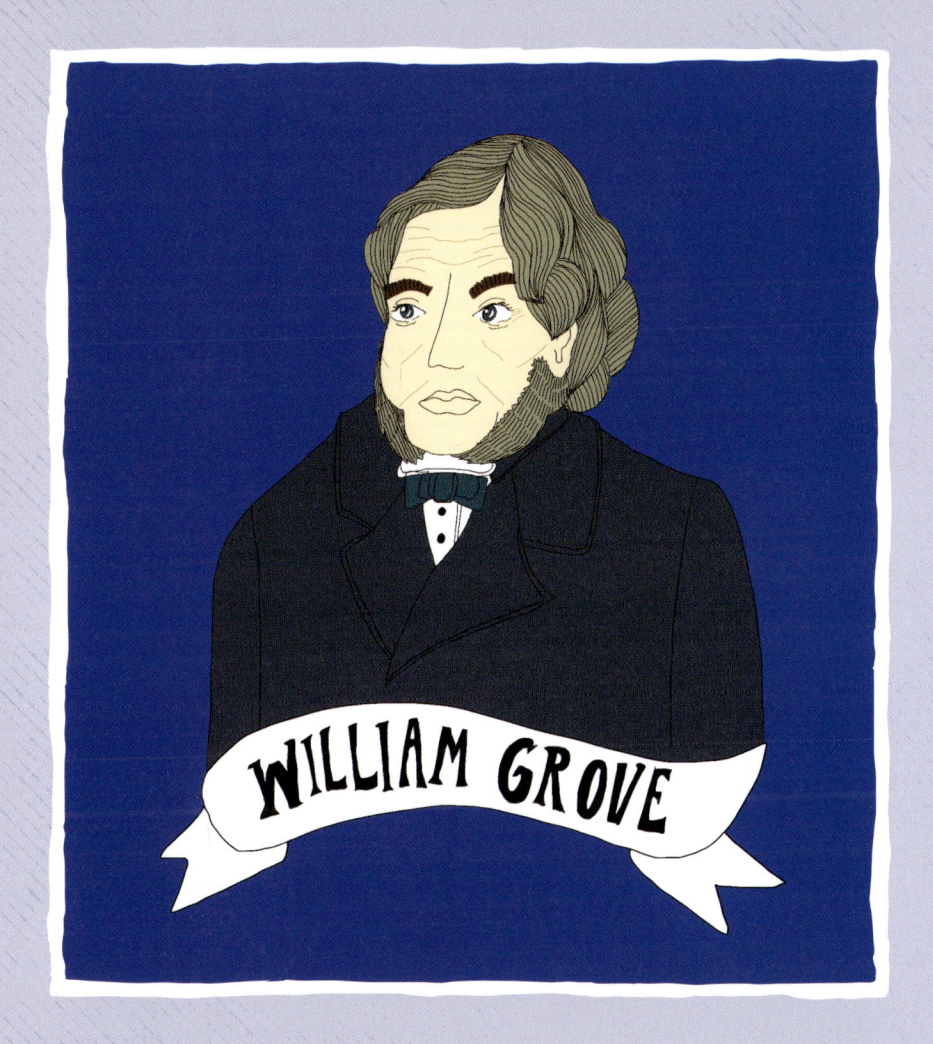

Bu Grove hefyd yn weithgar yn nyddiau cynnar ffotograffiaeth, gan helpu i greu'r Daguerrotype, sef y broses ffotograffiaeth gyntaf i fod ar gael i'r cyhoedd.

YMCHWILIO

Mae crater ar y lleuad wedi ei enwi ar ôl William Grove. Allwch chi ddarganfod enwau rhai o'r craterau eraill ar wyneb y lleuad sydd wedi eu henwi ar ôl pobl?

Winifred Coombe Tennant

(1874–1956)
Ymgyrchydd dros degwch

Roedd Winifred Coombe Tennant yn un o'r bobl hynny oedd yn gweithio'n galed i sicrhau byd gwell. Rhwng 1920 ac 1931 roedd Winifred yn ymweld â charcharorion yng Ngharchar Abertawe ac yn gweithio i wneud bywyd yn well iddyn nhw, er enghraifft, drwy sicrhau eu bod yn cael rasel ddiogel i siafio.

Ganwyd Winifred yn Abertawe, ac ar ôl iddi briodi yn 1895 symudodd i fyw gyda'i gŵr Charles i Langatwg ger Castell-nedd. Roedd ganddi bersonoliaeth gynnes a lliwgar, a daeth yn fam i bedwar o blant – Christopher, Daphne, Alexander a Henry.

Bu'n ynad heddwch, a hi oedd y fenyw gyntaf i gynrychioli Prydain yng Nghynghrair y Cenhedloedd, oedd yn dod â gwledydd y byd at ei gilydd i sicrhau heddwch. Sefydlwyd y Gynghrair yn 1920 fel ymateb i'r Rhyfel Byd Cyntaf, ond daeth i ben yn 1946 oherwydd roedd wedi methu â rhoi stop ar yr Ail Ryfel Byd a barhaodd tan 1945.

Er nad oedd hi wedi llwyddo i ddysgu Cymraeg yn rhugl, roedd Winifred Coombe Tennant yn gefnogwr mawr i'r Eisteddfod Genedlaethol. Trefnodd y pafiliwn Celf a Chrefft yn 1918, pan wnaeth hi ymuno â phwyllgor i edrych ar y posibilrwydd o gael annibyniaeth i Gymru. Daeth yn Feistres y Gwisgoedd yng Ngorsedd y Beirdd, dan yr enw 'Mam o Nedd', a gadawodd swm mawr o arian i'r Eisteddfod yn ei hewyllys.

Dechreuodd Winifred gymryd diddordeb mewn siarad â'r meirw, a bu'n gwneud hyn yn gyfrinachol o fewn cylch agos o deulu a ffrindiau. Dan yr enw ffug 'Mrs Willett' bu'n gweithio fel cyfryngydd (*medium*), neu bont rhwng y byw a'r meirw. Byddai'n trefnu sesiynau lle bydden nhw'n eistedd o gwmpas bwrdd mewn stafell dywyll a phobl yn siarad â nhw o'r 'ochr draw' drwy wefusau a llais Mrs Willett.

WINIFRED COOMBE TENNANT

ATEBION

Tudalen 9
1. Ysgrifennodd Alfred Russel Wallace 20 llyfr... a 1000 o erthyglau a llythyron!
2. Mae dyn wedi esblygu o'r epa.
3. Casglodd Wallace 80,000 o chwilod ym Malaya.

Tudalen 11
2. Yng Nghymru mae Aelodau o'r Senedd (AS) – sy'n gofalu am faterion yn ymwneud â Chymru yn unig – yn gweithio yn y Senedd ym Mae Caerdydd. Mae Aelodau Seneddol (Members of Parliament) o Gymru yn gweithio yn Nhŷ'r Cyffredin yn San Steffan, Llundain lle mae penderfyniadau'n cael eu gwneud ynglŷn â gwledydd y Deyrnas Unedig.
3. Y tri! Mae Aelod Seneddol yn cynrychioli'r bobl, yn gallu newid pethau, ac yn siarad lot hefyd!

Tudalen 21
1. Y gwledydd sydd o gwmpas y Môr Du yw Twrci, Bwlgaria, Rwmania, Moldofa, Wcráin a Georgia.
2. Byrddau Iechyd Lleol Cymru yw:
    - Bwrdd Iechyd Addysgu Powys
    - Bwrdd Iechyd Prifysgol Aneurin Bevan (de-ddwyrain Cymru)
    - Bwrdd Iechyd Prifysgol Bae Abertawe
    - Bwrdd Iechyd Prifysgol Betsi Cadwaladr (gogledd-orllewin Cymru)
    - Bwrdd Iechyd Prifysgol Caerdydd a'r Fro
    - Bwrdd Iechyd Prifysgol Cwm Taf Morgannwg
    - Bwrdd Iechyd Prifysgol Hywel Dda (de-orllewin a chanolbarth Cymru)

Tudalen 25
1. Gair yn yr iaith Roeg yw 'zeta'.
2. Un Catherine enwog oedd Catherine Fawr, Ymerodres Rwsia (1729–1796). Mae yna hefyd, er enghraifft, nofelydd poblogaidd o'r enw Catherine Cookson, a'r actores gomedi Catherine Tate.

Tudalen 31
1. Mae nifer fawr o enwau'r sêr yn dod o'r iaith Arabeg.
2. Yr haul yw'r seren agosaf at y ddaear.

Tudalen 47
1. Uchder Eferest yw 8,848 metr.
2. Ben Nevis yw mynydd uchaf yr Alban.
3. Yr ail fynydd uchaf yn y byd yw K2.
4. Mae copa'r Wyddfa 1,085 metr uwchben lefel y môr.

Tudalen 67
1. Mae tua 250,000,000 o chwaraewyr pêl-droed yn y byd.
2. Mae'r bêl wedi ei gwneud o ledr.
3. 11 sydd mewn tîm pêl-droed arferol.

Tudalen 83
Mair Russell-Jones, wrth gwrs!

Tudalen 105
Mae dros 9,000 o graterau ar y lleuad a'r rhan fwyaf wedi eu henwi ar ôl pobl, e.e. Aristoteles, Yuri Gagarin, Mary Proctor, James Watt ac Alfred Russel Wallace.

Hefyd o'r Lolfa

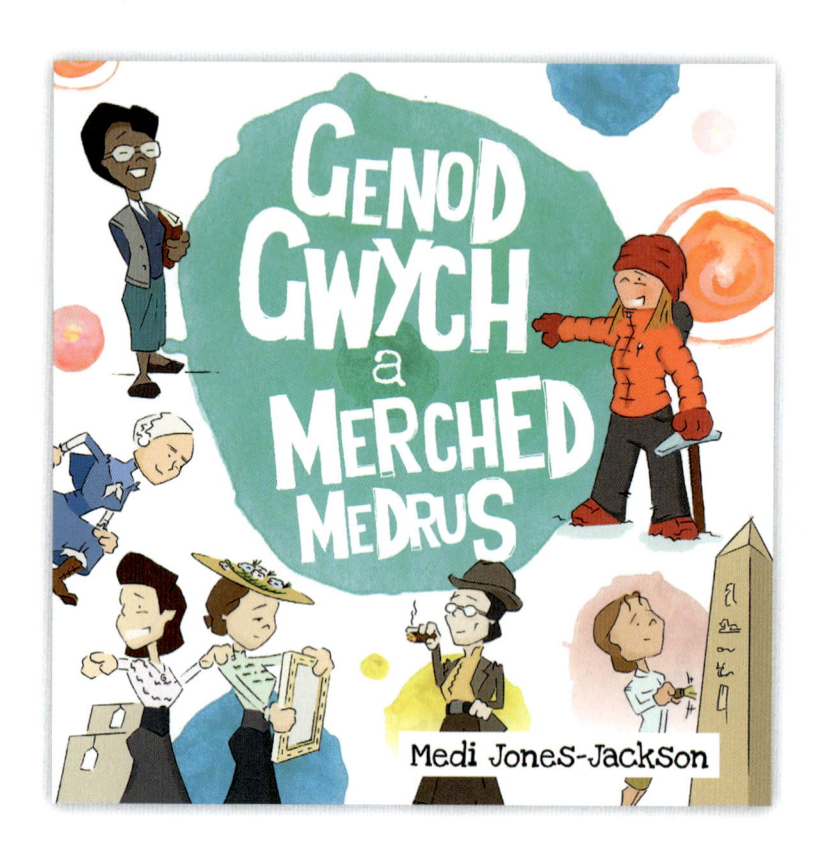

Genod Gwych a Merched Medrus

Medi Jones-Jackson

£5.99